Poesiealbum

Poesiealbum

1967–1990

Dichter aus jenem Land –

mit Gedichten aus jener Zeit

NEUES LEBEN

Herausgegeben von Katrin Pieper

ISBN 3-355-01497-4

Schutzumschlag: Woge Design, Berlin,
Layout und Satz: Verlag Neues Leben GmbH
Druck und Binden: Wiener Verlag GmbH

POESIEALBUM nannten sich die Lyrikbändchen, gedruckt und publiziert von 1969 bis 1990 in einem Teil Deutschlands, der DDR.

Zweihundertfünfundsiebzig Hefte - Zeugnisse einer nahen Vergangenheit, die in die Gegenwart hinein reichen und gelebtes, gespürtes bedeuten.

Gedichte, die von Hoffnung und Erfahrung erzählen, von Zeiten des Kampfes und bitterer Enttäuschung, die aufrufen wollen, und zugleich fürchten, ungehört zu bleiben. Gedichte, die Spiegel einer Gesellschaft in ihrem Alltag sind, die von Not und Glück erzählen, der eigenen, der inneren, der menschlichen und nicht zu verhindernden Not, vom Glück, das für sich allein oder auch von der Menschheit erhofft wird, und dem Erfahrungsmaß, das einfach Leben heißt.

Zeitgeist über die Jahre ist ablesbar, denn diese Gedichte sind geboren aus der Betrachtung und dem Erleben des Wirklichen.

Brechts „Lob des Kommunismus", den jeder versteht, weil er vernünftig ist - Heft 1 dieser Reihe -, korreliert historisch sinnfällig mit den Worten Rainer Kirschs, „die Vernunft - ist eine furchtbare Last. Nur die Vernünftigsten gehen mit ihr ein paar Schritte". 1977 geschrieben, 1990 in diese Edition aufgenommen, als eines der letzten Hefte 1990 ausgeliefert, scheint solche Gedankenspanne eben auch den so schmalen Grat zwischen Ideal und Wirklichkeit anzuzeigen.

Der vorliegende Band erhebt nicht Anspruch auf Vollständigkeit, wenn es darum geht, alle Autoren der ostdeutschen Landschaft zu versammeln, die in dreiundzwanzig Jahren in dieser so einmaligen Reihe zu Wort kamen.

Und gesagt werden soll auch, daß zweihundertfünfundsiebzig erschienene Hefte Lyrik dieser Welt auf jeweils zweiunddreißig schmalen Seiten und doch gewichtig einem großen und begeisterten Publikum nahe brachten, das den Herausgebern, Lektoren, Grafikern und Typographen Lob und Beifall spendete und treu blieb.

Bernd Jentzsch, Anreger dieser Edition, Lektor und Herausgeber, führte sie mit Sachverstand und feinem Gespür. Richard Pietraß und Dorothea Oehme setzten sie fort, fanden Talente, pflegten junge Stimmen und hielten die Tür zur Welt offen.

Nicht zu vergessen, die grafische und typografische Kultur, mit der Achim Kollwitz das Erscheinungsbild der Reihe über dreiundzwanzig Jahre unverwechselbar werden ließ.

Alle diese Qualitäten im Verbund machen heute eine Auswahl möglich, die von jenen Jahren ihres Entstehens erzählt, lebendig ist, Zeitblicke gewährt, Sprache und Bilder bietet, ganz Eigenes, ganz Unverwechselbares trägt.

Das allein ist Grund genug, mit Gedichten und Bildern dieser Edition wieder ans Licht der Öffentlichkeit zu treten.

Könnte es nicht auch ein Auftakt zur Wiederaufnahme sein?

Zu wünschen wäre es allemal.

Katrin Pieper
Schöneiche, Februar 1999

Bertolt Brecht

Vom Sprengen des Gartens

O Sprengen des Gartens, das Grün zu ermutigen!
Wässern der durstigen Bäume! Gib mehr als genug. Und
Vergiß nicht das Strauchwerk, auch
Das beerenlose nicht, das ermattete
Geizige! Und übersieh mir nicht
Zwischen den Blumen das Unkraut, das auch
Durst hat. Noch gieße nur
Den frischen Rasen oder den versengten nur:
Auch den nackten Boden erfrische du.

Lob des Kommunismus

Er ist vernünftig, jeder versteht ihn. Er ist leicht.
Du bist doch kein Ausbeuter, du kannst ihn begreifen.
Er ist gut für dich, erkundige dich nach ihm.
Die Dummköpfe nennen ihn dumm, und die Schmutzigen
nennen ihn schmutzig.
Er ist gegen den Schmutz und gegen die Dummheit.
Die Ausbeuter nennen ihn ein Verbrechen.
Wir aber wissen:
Er ist das Ende der Verbrechen.
Er ist keine Tollheit, sondern
Das Ende der Tollheit.
Er ist nicht das Chaos
Sondern die Ordnung.
Er ist das Einfache
Das schwer zu machen ist.

Über die Lust des Beginnens

O Lust des Beginnens! O früher Morgen!
Erstes Gras, wenn vergessen scheint
Was grün ist! O erste Seite des Buchs
Des erwarteten, sehr überraschende! Lies
Langsam, allzuschnell
Wird der ungelesene Teil dir dünn! Und der erste Wasserguß
In das verschweißte Gesicht! Das frische
Kühle Hemd! O Beginn der Liebe! Blick, der wegirrt!
O Beginn der Arbeit! Öl zu füllen
In die kalte Maschine! Erster Handgriff und erstes Summen
Des anspringenden Motors! Und erster Zug
Rauchs, der die Lunge füllt! Und du
Neuer Gedanke!

Poesiealbum 1/1967

GRAFIK VON WERNER KLEMKE
Poesiealbum 1/1967 - Bertolt Brecht

Wulf Kirsten

morgengruß

der symmetrie
ein dorn im auge,
läuft
mit spitzgiebeln gespickt die
geländewelle
durch den sommerprospekt.
ein obst-holz und grün-vlies
hält in gewahrsam
im rücklicht des laubs
den häuserknaul.
wie scheuklappen
wedeln im luftzug die rauchsegel
am morgen.
vertraut und ohne nimbus,
gleich dem verblichenen zaun
oder dem ortscheit
der valetgebilde alltäglicher abflug.
unnatürlich groß
stelzt in bilderbuch-einfalt
der hahn.
für das dorf
mirakelt er reklame.

an alter mühle vorbei

hier hält kein bauer mehr mit roggenfuhren.
ausdiente jedes gerät. getan ist der letzte griff.
abgelebte zeit. kein korn klemmt in den fugen.
im nachtlicht liegt die mühle wie ein leckes schiff.

der müllerbursche torkelt über den first,
treibt einen störrischen esel mit peitschenknall
auf der blechernen fahne, rostig gehißt.
im öden gemäuer geistert des mahlwerks widerhall.

herz und zierat des hauses nährt moos und schwamm.
aus hohlem gerippe grinst zahnlos grünlicher moder.
verwesung haucht aus kellerloch, vom schieferkamm,
das mühlrad geborsten, verrottet längst das fluder.

vorbei an der mühle aus romantischer zeit,
bedächtig verfall die spitzhacke schwingt
in ausgerenkter jahrhunderte gebälk,
    wüst und ausgezehrt,
als sage der müller und sein mühlrad verklingt.

an alter mühle vorbei. der hof liegt tot.
kein bauer fährt hier mehr nach mehl und brot.

ortschaft an der Oder

1.
schlohweiße zwirbelbärte
entschlürfen den mannshohen
altersschiefen lehmgemäuern,
stehen im lindenschatten,
von stöcken gestützt.
ihr erstaunen zergeht
über dampfenden tabakspfeifen.
ein fremder ist die straße
hinuntergegangen.

2.
zerschossene backsteinkirche,
ein totenkopf baumelt
über dem ort.

nur schlafbaum und brutstatt
ist noch der hohläugige stumpf.
dohlen umtorkeln den torso,
überschrein sich in geifer und keif.
seit zwanzig jahren
in den bauchigen himmel gehängt
vulgäres orakel:
flügelschläge schwarzen gelichters
über geschmolzener glocke,
verwildertem totenasyl.

3.
löchrige feldwege fuhrwerke schaukeln.
staubfahnen ziehn durch die häuserzeile
hinter kutscherfluch und peitschenhieb.
gespanne keuchen über die endmoräne.
morgens ein silbriger dunst
auf endlosen kartoffelschlägen.
zerfleischt die stille von heiseren schreien,
aus hungrigen kiebitzkehlen gestoßen.
die Oder atmet weit ihren geruch,
herauf in die wuchtigen äcker
der bauern von Gartz.

Poesiealbum 4/1968

Günter Kunert

Beziehung zu Wolken

Aber die Wolken brauche ich nicht zu loben:
den beweglichen Flug
ihrer faserigen Formlosigkeiten
oder
ihr fettes Aufgetürmtsein im
grellen Scheinwerferlicht eines Sommertages:
als irgendein bedeutendes Alswie.

Denkt an Regen, denkt an Schatten:
beides gegeben umsonst und
mit freundlichem Schweigen. Ich
lobe die Wolken.

Berliner Nachmittag

Im Sommer bei bedecktem Himmel
im Sommer bei sanftem Regen
im Sommer in der Kühle alter Wohnungen
zwischen dunkler Tapeten Gesichtsträchtigkeit:
da liegen
und auf die Stadtbahn lauschen
gedämpfter Schwellenstoß
Traben der Droschken
Stakkato handbetriebener Maschinen
in weggeblasenen Hinterhöfen
sterbliches Spiel verwehter Leiber
blaß in der Blässe heimlicher Betten
versteckt hinter bröckelndem Stuck
hinter wucherndem Schorf alter Häuser
die eines plötzlichen Nachmittags

von Dumpern und Kränen samt Inhalt
unbekränzt überführt werden
aus ihrem Dasein in unser Erinnern
wo ihre begrüßte und beweinte Vergänglichkeit
zum Stillstand kommt: im Sommer
bei sanftem Regen.

Nachlaßlager

Kleine Alexanderstraße, Berlin

Ahnungslos betrittst du
die weitläufige Höhle, wo dich sogleich innig
Gerümpel und Dämmer umfängt –
Flieh, bevor
erblindende Spiegel deine Erscheinung weitergeben
an lauernde Polstermöbel, erkrankt an Elefantiasis,
und fallenartige Schränke
der Haut des Rückens Schauder schaffen.
Zeitlosigkeit: verkündet von gelähmten Regulatoren
mit schlaffen hängenden Pendeln,
Abbild ihrer einstigen Eigner, die verzogen
von der einen in die andere Welthälfte
hinweg über den vermauerten Riß.

Stumme Zeugen aus Schmiedeeisen, Keramik und
Schleiflack sprechen: Unseretwegen,
wegen meiner bequemen Lehne, meiner vier Beine,
meiner glasierten Rundung wegen
ward geschwiegen zu Untaten jeglichen Stils:
geschnitzt gedrechselt gehämmert gehauen
und gestochen.

Nachlaß: Pokale, eingetrockneter Neigen voll,
vergilbte Karten mit den Ansichten verschwundener
Städte: Herzlichen Gruß aus dem Nichts.
Bräunlich und entfärbt die gerahmten Fotografien

vorsintflutlicher Frühgeburten, Gemälde
kläglicher Rousseaus. Käsige Matterhorne,
ergraute Makartsträuße, Porträt
emporgezwirbelten Schnurrbartes: des zweiten Wilhelm
Schwarzseher dulde ich nicht ...
aus der unsterblichen Dynastie
deutscher Troglodyten
im Hinterhof der Residenz außer Dienst.

Wer den Geschmack des Todes
auf der Zunge nicht scheut und nicht
zwischen neugierigen Fingern den Staub, aus dem
du bist, zu dem du wirst,
betrete den staatlichen Hades und mische sich
unter die altmodischen Schatten.

Rätsel

Hinten ein S, vorne ein S.
Dazwischen neun Buchstaben
und neunhundert Schlachten,
Geschlachtete unzählbar;

das Blut der Väter, das unaufhörlich
in unsere Tage rinnt,
in dem wir unsre Hände waschen:
Schuldner;

eine Rechenaufgabe, deren Lösung ergibt:
eine Rechenaufgabe, denn die Ziffern
leben und wandeln sich
von Ergebnis zu Ergebnis;

totgesagt sechsmal, zum siebenten begraben
unterm brachen Gips von weisen Büsten,
zum achten
erstanden und aufgefahren gen Himmel

als stählerner Stern:
hohe Hoffnung und bloßes Hemd der Blöße.

Im übrigen:
hinten ein S, vorne ein S.

Poesiealbum 8/1968

COLLAGE VON RONALD PARIS
Poesiealbum 8/1968 - Günter Kunert

Helmut Preißler

Drei Details aus Michelangelos Sixtinischer Kapelle

Manchmal ist mir
die ungeborene Eva im Arme Gottvaters
die Liebste von allen.

Manchmal dann wieder,
wenn ich die Mutter betrachte,
wie sie ihr Kind hält,
während die Sintflut sich hebt,
lieb ich sie mehr als die Eva,
die ungeborene.

Aber die Eva,
die abwehrt den Zorn ihres Gottes,
geduckt und ohne Verstehen,
da doch nur Zärtlichkeit war
und Einander-so-gut-Sein,
die lieb ich vor allen.

Hans Grundigs Tausenjähriges Reich

Angst ist über der Erde
wie Eis über Seen.
Grünes Echo,
unendlich gebrochen
zwischen dem Grund
und dem Himmel.
Hinter den Mauern
drohen die grünen Gewitter El Grecos.

Grünewalds Kreuzigung schreit:
Seht, welch ein Mensch!
Giftiges Grün
umbrandet die Erde.
Fluten von Galle und Auswurf und Fäulnis,
und wie die Flut steigt!

Schweinerüssel
wachsen dem Menschen,
das Wolfsgebiß wächst.
Raben schlagen
das faulende Fleisch all der Toten,
für die man Granaten gehabt
und Giftgas und Galgen,
aber kein Grab.

Feuer
steht über sterbenden Städten.
Flammen
lohen aus schreienden Öfen.
Fegefeuer,
das Sturm in die Welt trägt.
Fegefeuer,
das klirrende Angst frißt.
Fegefeuer,
das grünes Eis zwischen Himmel und Abgrund
auftaut zu Tränen.

Unter den Meeren
der strömenden Trauer
blühen schüchtern
heitere Farben.

Der Bauern-Brueghel

Zum Teufel Schmelz und Schmalz,
die seichte höfische Kunst
der spanischen und italienischen Schule,
die ebenmäßigen Schenkel und Wangen,
die Venus-Madonnen aus Malerfabriken,
zum Teufel damit!

Ich kenne das flämische Dorf
und den spanischen Hof.
Ich kenne die bäurischen Orgien und
die Orgien der Inquisition.
Kirmes und Kindermord kenne ich,
Tanz auf dem Dorfplatz und
Tanz auf dem Galgenberg;
ich weiß die Farben von alldem.

Ich liebe die bunten, bäurischen Feste vor allem,
liebe die Brüste der Mägde, die Bäuche der Bauern,
unter den straffen Blusen und Westen
so rund und so drall,
daß es den Hosenlatz aufsprengt und Flandern
Hochzeit feiert
trotz Spanien.

Poesiealbum 9/1968

Reiner Kunze

kinderzeichnung

Du hattest ein viereck gemalt,
darüber ein dreieck,
darauf (an die seite) zwei striche mit rauch –
fertig war
DAS HAUS

Man glaubt gar nicht,
was man alles
nicht braucht

philosophie

Wir ertragen den mittag,
wo das steinerne gesetz der ufer
die milde des grases walten läßt.
Die feuchtigkeit der felsen und das sonnengesprenkel,
das aus den blättern fällt,
sind salamander,
die auf unsren nackten rücken liegen
und dösen.
Das wassergras schweigt
unzählbare blüten.
Der nachbar nagelt um das wörtchen „mein“ vor den erdbeeren
einen zaun

An der Thaya, sagst du, überkomme dich
„undefinierbare sehnsucht“

Gehn wir in den fluß
die sehnsucht definieren

sensible wege

Sensibel
ist die erde über den quellen: kein baum darf
gefällt, keine wurzel
gerodet werden

Es sei
bei strafe des versiegens

Wie viele bäume werden
gefällt, wie viele wurzeln
gerodet

in uns

Poesiealbum 11/1968

Louis Fürnberg

Schlaflose Nacht

Schlaflose Nacht, und draußen blaßt der See,
vom ersten Morgenschimmer angeschlagen,
die Birkenstämme sind wie Streifen Schnee,
und über eine Stunde wird es tagen.

Die Kindheit geht mit leisem Schritt durch mich,
ich hab sie gestern in den Schlaf genommen ...
Jetzt geht sie fort von mir, ein Geigenstrich,
zurück ins Dunkel, wo sie hergekommen.

Wo ließ ich euch, die ihr Gefährten wart?
Am Ufer wandert ihr, verwehte Schatten.
Und draußen hebt das Licht die Gegenwart.

Der neue Odysseus

Am Abend stieg der Wald in mein Gesicht,
schwebende Gondel des Monds. Aus tausend
Träumen und Ahnungen hob sich mein Herz
in ihre silberne Ferne.

Wohin? Um der Fahrt willen, des steten Entdeckens,
um der unersättlichen Neugier planlosen Suchens,
nimmer innezuhalten und hinzutreiben,
tatenarmer Odysseus ohne Ithaka?

Und wär dies mein Schicksal auch
bis ans ruhmlose Ende - ach, ich bin nicht müde,
den Sirenen zu lauschen und den
einäugigen Zyklopen Rede zu stehn.

Und auch ihnen wird in der steigenden Sonne
einmal das Herz erglühn und schmelzend
sich ein feuriger Lavastrom über den Abgrund
ergießen, das Böse versteinend.

Jetzt geh ich in die Schule

Jetzt geh ich in die Schule
und lern das Abc
und merk auf einmal, daß ich jetzt
erst in die Schule geh.

Jetzt les ich in den Büchern
und buchstabiere scheu
und merk auf einmal, was ich les,
ist alles fremd und neu.

Jetzt lern ich Mathematik
und staune, weil ich find,
daß meine alten Rechnungen
nie aufgegangen sind.

Jetzt lern ich die Geschichte,
als stäch man mir den Star,
weil, was ich früher lernte,
verkehrt gesehen war.

Jetzt steh ich vor dem Globus,
die Erde spricht zu mir.
Mir war sie früher fremd und stumm ...
was wußt ich denn von ihr!

Poesiealbum 12/1968

Kurt Bartsch

die köchin

mein bleistift zeichnet eine köchin,
die zwiebeln häutet und sich heimlich
mit tränen für ein kleines leid versorgt:

die köchin träumt von sieben häuten,
von sieben köchen, die auf einen streich
um ihre restaurierte hand anhalten.

möbliertes zimmer

als ich eines abends,
zurückkehrend von einer reise,
die wohnungstür aufschloß,
erkannten mich meine stühle nicht mehr.

ohne aussicht, dem tisch näher zu kommen,
zog ich mich in meinen mantel zurück
und ging, ohne gewohnt zu haben.
ich ließ meine stühle sitzen.

chausseestraße 125

Brecht sitzt wie eh und je
im schaukelstuhl und schnee
fällt auf die gräber hin
Brecht schaukelt her und hin
und lutscht an der zigarr
die nie erkaltet war

rauch steigt schwarz aus dem dach
der winter ist schon schwach
die mütze hängt am nagel
es fallen stein und hagel
bald gibt es blattsalat
(bis man genug von hat)
Brecht schaukelt noch ein stück
er hat noch einmal glück
dann ist es abends acht
kein licht ist angemacht
da seh ich einmal her
der schaukelstuhl ist leer.

Poesiealbum 13/1968

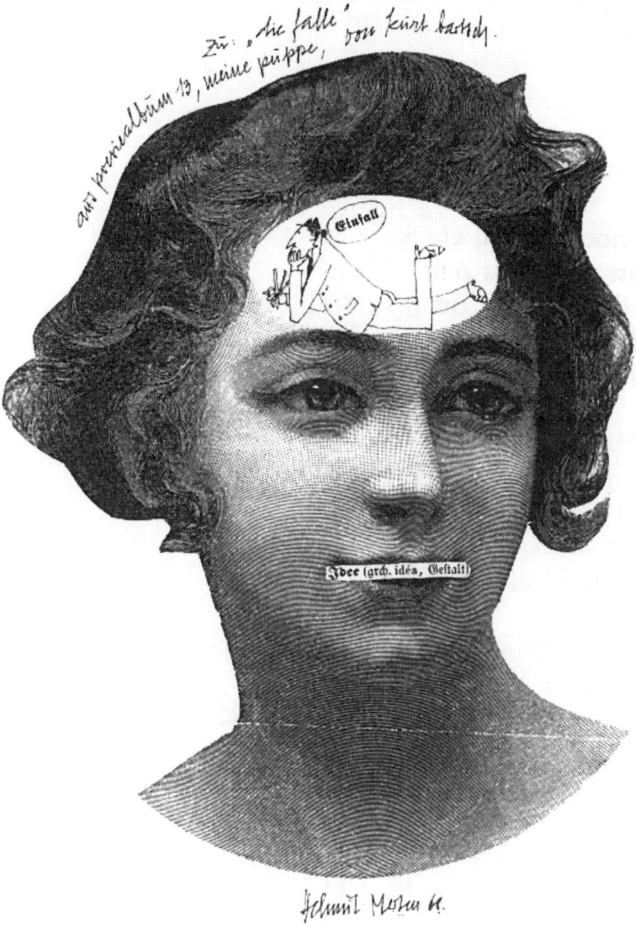

COLLAGE VON HELMUT MERTEN

Poesiealbum 13/1968 - Kurt Bartsch

Kuba

Totensonntag 1920

Auf dem Bilde da, das war dein Vater, mein Kind -
wir waren nicht immer allein.
Jetzt ist er, wo die Toten sind.
Auf dem Bilde da, das war dein Vater, mein Kind -
er brauchte nicht tot zu sein.

Wie der Zeiger rückt, wie die Zeit vergeht,
du kamst damals gerade zur Welt.
Da hat der Kaiser Granaten gedreht.
Wie der Zeiger rückt, wie die Zeit vergeht,
da zog dein Vater ins Feld.

Auf dem Bahnhof, da küßt er mich noch einmal.
Wir brachten kein Wort heraus.
Der Tag war schwül, und die Sonne schien fahl.
Wir sahn deinen Vater zum letztenmal.
Dann fuhr der Zug hinaus.

Dann kam ein Paket mit dem Stempel vom Heer,
da war Vaters Taschenuhr drin.
Die Welt, die Welt war auf einmal so leer.
Ein Postpaket kam mit dem Stempel vom Heer.
Da war dein Vater hin.

Wie der Zeiger rückt, wie die Zeit vergeht,
wie die Furcht vor dem Krieg verblich,
wie der Zeiger schon wieder auf Völkermord steht,
wie der Zeiger rückt, wie die Zeit vergeht.
Ich habe Angst um dich.

Kellnerinnenliedchen

Da möcht man in die hellen Sterne greifen!
Und Nächte gibt's - da sind die Sterne nah -
Sie rufen: Greif nur zu,
für dich sind wir ja da!
Ich griff - und kam dem Richter in die Schleifen.

Das ist das ganze Armeleuteleben!
Da will man hoch hinaus, nimmt Anlauf, springt zu kurz -
befühlt die wunde Seele nach so hartem Sturz
und bleibt zerbrochen in der Kneipe kleben.

Poesiealbum 16/1969

Heinz Kahlau

Unausweichlich

Da ist ein Weg,
den du trottest:
mit nassen Füßen,
mit unbezahlten Rechnungen,
mit Liebeskummer,
mit Existenzangst,
mit Kopfschmerzen.
Nichts siehst du mehr.

Sie sieht dich kommen
und duckt sich,
spannt, reckt sich und lauert.
Schon bist du vorüber,
da springt sie
und sitzt dir
schon wieder
im Nacken:
Die Hoffnung.

Märchen

Doch eines künftigen Abends
erzählen die Fische den Vögeln
die Träume vom Fliegen.
Da hören
die Fische die Träume der Vögel
vom Gleiten in Tiefen.

Seit diesem Abend
werden die Vögel

sich freier erheben.
Spielender gleiten
die Fische
nach diesem Abend.

Alte Begegnung

Wir haben so schön
aneinander vorbeigeredet.
Ich an deinem Ohr,
du an meinem Ohr.
So schön geredet.
Deine Stimme war silbern,
wie böhmisches Glas.
Meine Stimme war rauh,
wie friesische Wolle.
Ich höre uns jetzt noch.

So schön haben wir geredet.
Aneinander vorbei.

Grimmiger Spruch

Ich habe kein Schicksal.
Ich finde mich nicht ab.
Ich werde nicht aufhören
zu sagen:
Das Bessere kommt noch!

Gut, gestorben muß werden,
aber solange
der Deckel nicht zugeschraubt ist,
wird die Hoffnung
nicht aufgegeben!

Poesiealbum 21/1969

Henryk Keisch

Stufungen

Klein-Eva hat eine Puppe, mit der spielt sie Mama.
Ein Püppchen für die Puppe ist außerdem noch da.
Ja, keiner ist so klein, daß sich nicht am Ende
ein noch Kleinerer, der zu ihm aufblickt, fände.

Wiedergutmacher

Sogenannte Wiedergutmacher, hör ich, bieten fünftausend
D-Mark-West
jedem Juden, der sich die Auschwitznummer vom Arm
entfernen läßt.
Man hat jetzt freie Kapazität für derartige Sanierungen
nach Erledigung aller anstehenden SS-Tätowierungen.

Bundesmichels Nachtgebet

Als die Sonne schien, war Wahlzeit.
Nun kommt eine kalte Zahlzeit.
Magerer wird schon die Mahlzeit –
Gott schütze uns vor einer neuen Stahlzeit!

Wer hätt's gedacht?

„Parteilichkeit, des tätigen Mannes Behagen",
Vom wem stammt diese Regel für alle Lebenslagen?
Wer stößt so eifrig in die politische Trompete?
Sucht, Freunde, nicht erst lange: Der Satz steht bei Goethe.*

*Prometheus in „Pandora":
„Des tät'gen Manns Behagen sei Parteilichkeit."

Godesberger Credo

Mag es sämtliche Grundsätze, mag es die Ehre kosten:
Nach oben! An die Regierung! Ministerposten!
Was Klassenkampf! Was Wählerwunsch! Karriere! Karriere!
Nicht Sozialdemokraten, nein: Sozialkoalitonäre!

Poesiealbum 23/1969

Johannes R. Becher

Jahrtausenwende

Wenn in der Jahrtausendwende
Ihr um Mitternacht
Brüderlich euch reicht die Hände
Und ihr glückhaft lacht -

Daß ich euch nicht störe,
Bleibe ich allein,
Aber in die Jubelchöre
Stimme ich mit ein.

's war nicht die Zeit

's war nicht die Zeit, dich, Liebste, so zu lieben,
Wie wir uns träumten: so soll Liebe sein.
Was ich dir schrieb - wie flüchtig hingeschrieben!
Wie lieblos hingesagt, dies: „Ich bin dein."
        Es war nicht herzlos, nicht Lieblosigkeit.
        's war nicht die Zeit dazu. 's war nicht die Zeit.

Mit allem Guten wollt ich dich beschenken.
Mit meiner Schwermut hab ich dich beschwert,
Ich hatte kaum die Zeit, an dich zu denken,
Und du - wie warst du schön und liebenswert.
        Die Unruh, die ich war, ließ dir nicht Ruh.
        Ob Liebesglück - 's war nicht die Zeit dazu.

Mit einem Lächeln hast du mich empfangen
Und hast mit deinen Armen mich umschmiegt.
Und kaum empfangen, war ich weggegangen.
Da fragtest du: „Wo unsere Zeit wohl liegt?"

Und summtest eine alte Melodie:
„Wann wirst du Zeit sein, Zeit ..." Die Zeit sprach:
„Nie!"

Und eines Tags kam ich, dir zu berichten
Vom einem Werk, das im Vollenden war:
„Und dafür, Liebste, mußten wir verzichten
Auf unser Glück so manches, manches Jahr –
Und ist das Werk vollendet *ganz*, alsdann
Wird Zeit sein, Zeit – und du fragtest nicht mehr:
Wann?"

Das Wunder

Sag, welch ein Wunder ist geschehn?

Ich kann mit deinen Augen sehn,
In meinen Schritten ist dein Gehn,
Was du verschweigst, kann ich verstehn,
Dein Wort ist in des Windes Wehn ...

Daß du bist, ist mein Auferstehn –

Sag, ist ein Wunder mir geschehn?
Ist es ein Wunder, das geschah:

Durch dich komm ich mir selber nah.
Mein Dasein ist: Du, du bist da.

Poesiealbum 24/1969

Grafik von Fritz Cremer
Poesiealbum 24/1969 - Johannes R. Becher

Wolfgang Tilgner

Russischer Wald im Herbst

Aber die Wälder brennen rot,
Flammen-Flecken am schönen Leib der Erde,
brennen rot in atemloser Stille,
durch die die Sonne flieht,
ein eiliger Auswandrer
unterm Knistern der Äste, und
einen Lidschlag nur verhofft sie
wie der gestellte Fuchs,
als hielte sie der Schrei
versäumter Zärtlichkeit aus meinem
geschlossnen Mund,
und brennender fährt sie davon.
Die Wälder stehn in glühenden Kleidern,
als schlüge Feuer aus den Wurzeln,
führe auf und zittere vorm nahen Sturm.
So trifft uns Liebe,
und dann ist Winter.

Lob des Vorletzten

Den Sieger
kränzt Lorbeer.
Noch den Sechsten
erwähnt die Statistik.
Den Letzten
trägt die Gloriole,
mit Würde verloren zu haben.
Wer aber gedenkt des
Vorletzten?

Über den Gebrauch von Ausreden

Der stürzende Reiter
beschimpft das Pferd,
der schlechte Jongleur
nennt die Beleuchtung schlecht,
der nachlässige Arbeiter
schmäht sein Werkzeug,
der unaufmerksame Liebhaber
bedauert die Ungleichheit der Orgasmen,
der langweilige Redner
hält die Versammlung für unaufgeklärt,
der Dieb
heißt sich verführt vom Anblick fremden Gutes,
der faule Bauer
zeigt auf die Wolken,
auf das Volk
der falsche Prophet,
mit den Methoden der Dialektik
hadert der mittelmäßige Dichter.

Bedenkt eure Ausreden!
Die mißratenen Kinder
zeugen gegen ihre Erzeuger.

Poesiealbum 25/1969

Grafik von Ursula Mattheuer-Neustädt
Poesiealbum 12/1968 - Louis Fürnberg

Grafik von Rolf F. Müller
Poesiealbum 25/1969 - Wolfgang Tilgner

Werner Lindemann

Abend

Ich seufze den Tag von meinen Schultern,
Die Dunkelheit schweigt sich über meine Schwelle.
Sie will sich neben mich setzen.
Ich stoße sie von mir.
Ich schalte das Radio ein.
Kommentare.
Ich schalte um.
Marschlieder.
Ich schalte ab.
Ich ziehe die Dunkelheit an meine Brust.
Sie ist wie Musik ...

Ich will noch Welt

Im Schlehendorn
wehklagt das Nest.
O tobt nur, Winde,
mein Hut sitzt fest.

Den Tagen hockt
die Nässe im Genick.
Mein Schritt zerstampft
den Nebelschlick.

Euch zu bedauern,
bleibt keine Zeit,
vergreiste Blätter.
Ich will noch weit ...

Zweimal über die Angst

I
Als Junge hatte ich Angst
vor dem schwarzen Mann.
Irgendwo im dunklen Keller sollte er sitzen.

Später hatte ich Angst
vor der weißen Baroneß.
Sie schlug mich manchmal.

Noch später hatte ich Angst
vor dem roten Soldaten.
Er würde mir, so hieß es, die Augen ausstechen.

Jetzt fürchte ich die Farblosen.

II
Ich habe keine Angst mehr,
kein Fleisch,
kein Brot,
keinen Wein zu haben.

Auch mein Nachbar
hat keine Angst mehr
vor dem Hunger.

Ich habe nur Angst,
so satt zu sein
wie mein Nachbar.

Poesiealbum 35/1970

Hans-Jörg Rother

Bericht eines Angestellten

Am Morgen hoffe ich viel vom Tag.
Verächtlich sehe ich beim Rasieren
Auf die schmutzige Fassade gegenüber,
Trinke meinen Kaffee hastig
(Wie einer, der dringend gebraucht wird).
Den Leuten im Bus zeige ich eine entschlossene Miene.

Auf mich warten beschriebne Papiere,
Ich fresse mich durch sie hindurch,
Rufe ins Telefon
(Wie einer, der seiner Sache sicher ist),
Mache die üblichen Notizen, ordne, lege ab,
Bin eine nützliche Station im Fließband der Papiere.

Müde betrachte ich abends die bezifferten Akten,
Die leere Fläche des Schreibtisches erinnert mich
An die nächtlich ersonnenen Aufgaben,
Deren Durchführung mir jetzt unmöglich erscheint.

Heimgekehrt ins Zimmer, zwei mal vier Meter,
Bin ich schon eingekreist vom leeren Briefkasten
(Sie hat also gelogen),
Dem Fernsehkrawall aus dem Zimmer meiner Wirtin,
Den Kofferradios unter dem Fenster,
Donnernden Lastkraftwagen, dem Geheul der Düsenjäger.
Vergeblich scheint mir der Tag und verloren.

Dann lese ich von denen, die durchhielten,
Den Zurückgeschlagenen, die von vorn begannen,
Den Geduldigen, die wieder Hoffnung schöpften.

Langsam stemme ich die Arme auf den Tisch,
Arbeite weiter an den begonnenen Zeichnungen
Und hasse, die diese Straße bauten,
Die sagen, unsere Träume können sich nie erfüllen,
Die behaupten, ich bin glücklich,
Und manchmal mich selbst,
Weil ich zuviel hoffe von einem Tag.

Bittgesang an Gefährten

Lasset euch nicht betören,
Der Friede ist noch weit,
Der Feind steht vor den Türen
Und hofft auf eure Vergeßlichkeit.

Sie wollen sich mit euch versöhnen
Und sprechen von einem Land,
Wenn sie loben, wollen sie nehmen,
Was euch gehört, hätten sie gern in der Hand.

Wenn ihr ihnen glaubt, kommen sie nicht mit Kanonen.
Wenn ihr ihnen glaubt, lassen sie euch tun,
    was ihr wollt,
Wenn ihr ihnen glaubt, haben sie schon gewonnen.
Denn dann handelt ihr nach ihrem Gebot.

Zu Ende ist dann euer Streben,
Die Starken treten die Schwachen laut Gesetz,
Den Mördern wird täglich vergeben,
Legende ist, was ihr gestern schuft und jetzt.

Dann habt ihr selber vergeben
Das Land, dem ihr eure Stimme gabt,
Doch was ist denn euer Leben
Ohne das, was ihr in Händen habt?

Was nötig ist

Freunde, die bleiben,
Liebe, die sich erfüllt,
Arbeit, die nützt,
Vertrauen in die richtige Sache,
Gebrauchtwerden.
Gebraucht aber wird,
Wer an seiner Stelle
Der nötigste ist.

Poesiealbum 39/1970

Uwe Berger

Über die Straße gehst du

Über die Straße gehst du,
zwischen den wartenden Autos hindurch
seh ich dich gehen,
schmal und aufrecht;
schwarz schimmert noch dein Haar;
ein weißes Blitzen deiner Haut,
und ferne bist du schon,
versunken -

so seh ich dich gehen
von mir fort immer,
und immer
seh ich dich wieder kommen -
zwischen den wartenden Autos hindurch,
mit lächelnden Augen
und kräftig schreitend,
daß wehend dich die Luft berührt
und dein Mantel sich in Falten
um dich schmiegt - -

Selbstporträt

Ein Schemen hat sich von mir abgetrennt,
der geifernd schnappt nach mir mit Raubtierzähnen
und, Maske, schon zerfällt zu bunten Spänen.
Und das Gesicht erscheint, das mich erkennt

und leuchtet bis in meine Träume her,
dein Bruderangesicht voll Arbeitsfalten,

und gibt mir Kraft, mich in mir selbst zu halten,
und wird zu meinem eignen mehr und mehr.

Ich seh es durch den Glashelm schimmern, mein
Gesicht, Gestirn der Augen, Pflanze Mund
des Menschen, und ich tauch es auf den Grund
der Welt und werf es in die Nacht hinein

mit neuen Sinnen. Daß es nicht vergeh
beharrend, daß es, formend sich, besteh.

März

Der Schnee taut.
Die Zeit beginnt.
Du fragst mich nach ihr,
die steigt

als der Saft im Baum,
als das Vogellied, als der Mensch,
der sich dienen lernt,
wie ihm sein Werkzeug helfe.

Der Wege sind wir
viele gegangen.
Gelenkt

hat uns das Wort:
Nur der lebt, der nicht
für sich lebt.

Poesiealbum 42/1971

GRAFIK VON RUTH KNORR
Poesiealbum 39/1970 - Hans-Jörg Rother

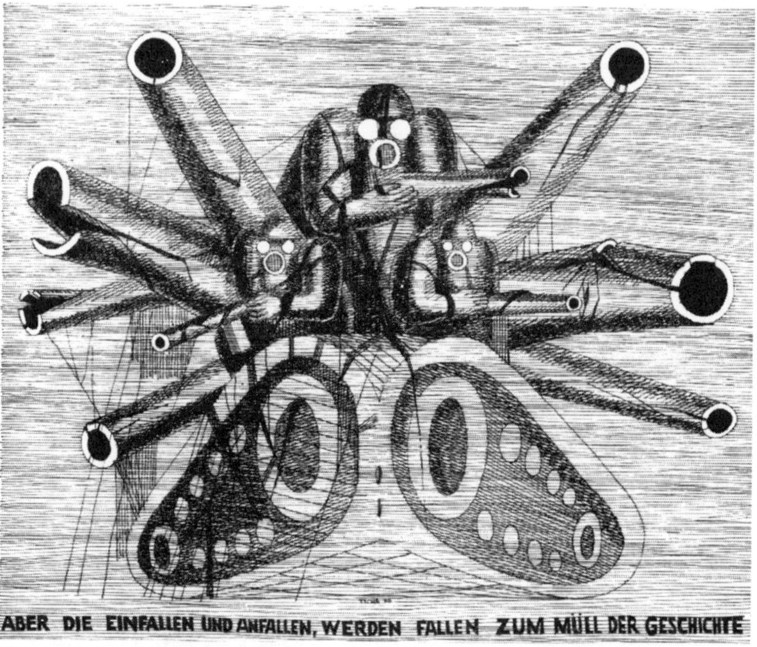

GRAFIK VON HANS TICHA
Poesiealbum 42/1971 - Uwe Berger

Georg Maurer

Die Kinder wollen in die Welt

Die Neugier liegt nicht im Friedhof begraben
noch im Sessel der Greise.
Sie steigt mit den Kindern aufs Fahrrad
und macht sich auf die Reise.

Die Reise der Verstorbnen ist nicht beendet.
Was grab ich in den Kissen
und sag den Jungen nicht den Fahrplan,
den sie nicht einhalten, doch missen?

Sie missen ihn, um ihn nicht einzuhalten.
Woran kennten sie ihre Fahrt,
wenn nicht am Verlassen bekannter Wege:
Sie schlagen nicht aus der Menschen Art.

Mittags

So! sagt der Himmel zu der Wiese.
Jetzt legen wir uns auf den Bauch.
Du schreibst noch ein paar Grüße,
und ich - ich unterzeichne auch.

Dann aber haben wir genug getan. -
Die Wiese schaut den Himmel an
und sagt: Unendlich lieb ich dich,
und ohne dich - was wäre ich.

Der Himmel aber wirft sich weit
über das weiche Wiesenkleid:
Was wäre all mein blaues Mühn,
blieb 's ungestillt von deinem Grün.

Bäume

Noch sind die Bäume Philosophen.
Sie zeigen ihr System.
Sie sind modern, sie sagen Strukturen,
Rückkopplung zwischen Wurzel und Zweig.
Kommt, Blätter, kommt! Versteckt die Vögel,
versteckt die Kinder im Laub.

Poesiealbum 43/1971

Johannes Bobrowski

Das Wort Mensch

Das Wort Mensch, als Vokabel
eingeordnet, wohin sie gehört,
im Duden:
zwischen Mensa und Menschengedenken.

Die Stadt
alt und neu,
schön belebt, mit Bäumen
auch
und Fahrzeugen, hier

hör ich das Wort, die Vokabel
hör ich hier häufig, ich kann
aufzählen von wem, ich kann
anfangen damit.

Wo Liebe nicht ist,
sprich das Wort nicht aus

Kindheit

Da hab ich
den Pirol geliebt –
das Glockenklingen, droben
aufscholls, niedersanks
durch das Laubgehäus,

wenn wir hockten am Waldrand,
auf einen Grashalm reihten
rote Beeren; mit seinem

Wägelchen zog der graue
Jude vorbei.

Mittags dann in der Erlen
Schwarzschatten standen die Tiere,
peitschten zornigen Schwanzschlags
die Fliegen davon.

Dann fiel die strömende, breite
Regenflut aus dem offenen
Himmel; nach allem Dunkel
schmeckten die Tropfen,
wie Erde.

Oder die Burschen kamen
den Uferpfad her mit den Pferden,
auf den glänzenden braunen
Rücken ritten sie lachend
über die Tiefe.

Hinter dem Zaun
wölkte Bienengetön.
Später, durchs Dornicht am Schilfsee,
fuhr die Silberrassel der Angst.
Es verwuchs, eine Hecke,
Düsternis Fenster und Tür.

Da sang die Alte in ihrer
duftenden Kammer. Die Lampe
summte. Es traten die Männer
herein, sie riefen den Hunden
über die Schulter zu.

Nacht, lang verzweigt im Schweigen –
Zeit, entgleitender, bittrer
von Vers zu Vers während:
Kindheit –
da hab ich den Pirol geliebt –

Holunderblüte

Es kommt
Babel, Isaak.
Er sagt: Bei dem Pogrom,
als ich Kind war,
meiner Taube
riß man den Kopf ab.

Häuser in hölzerner Straße,
mit Zäunen, darüber Holunder.
Weiß gescheuert die Schwelle,
die kleine Treppe hinab –
Damals, weißt du,
die Blutspur.

Leute, ihr redet: Vergessen –
Es kommen die jungen Menschen,
ihr Lachen wie Büsche Holunders.
Leute, es möcht der Holunder
sterben
an eurer Vergeßlichkeit.

Poesiealbum 52/1972

Peter Hacks

II Lieder aus Stücken

Tod Lumumbas

Am Kongo steht ein Bastbaum rot.
Patrice Lumumba, der Held, ist tot.

Lumumba liegt mit blutiger Brust,
Weil er vertraut, wo er kämpfen mußt.

Der König viel von Freiheit log.
Sein Heer da schon gen Mittag flog.

Lumumba sprach: den Krieg ich meid,
Mir tun die toten Soldaten leid.

Er rief die Freunde von überm Meer,
Sie sollten stellen die Ruhe her.

Sie hielten ihm den Mund zu.
Da gab es eine große Ruh.

Lumumba durch den Urwald floh
Mit Okito und M'Polo.

Im Urwald wurden sie gefangen.
Der König hat seine Hochzeit begangen.

Doch als Lumumba im Kerker stak,
Da hat das Volk nach ihm gefragt.

Für vierzigtausend Pfund Silbers Lohn
Verkaufen sie ihn der Minen-Union.

Bist du zum Sterben schon bereit?
Ich bin zum Sterben nicht bereit.

Da schossen sie ihn durch die Brust,
Weil er vertraut, wo er kämpfen mußt.

IV Gedichte

Der Traum vom Umweltschutz

Jüngst, so habe ich geträumt,
War die Erde aufgeräumt.
Nur Erkenntnis und Natur
Walteten an Rhein und Ruhr.
Abgezogen war der Dunst,
Den die bürgerliche Kunst
Wie ein Krater seine Gischt
In das deutsche Klima mischt.
(Durch das Auge und das Ohr
Dringt er zum Gehirne vor,
Lähmt es und erzeugt darin
Einen Stumpf- und Freiheitssinn).
Dieser Nebel war wie fort
Jetzt gefegt. Mit einem Wort:
Durch das Industriegeschehn
War schon wieder durchzusehn.
Nichts mehr sonderte sich ab,
Was die Umwelt macht zum Grab.
Kein Kriegsfahrzeug oder Tank
Dröhnte uns die Nerven krank
Und zerwühlte den Asphalt,
Und kein Überknall erschallt.
Die Chausseen still und leer
Dienten wieder dem Verkehr.
Im kristallnen Strome schwamm
Lediglich ein Wahlprogramm;
Seit es sich darin befand,

Hob sich auch der Fischbestand.
Und ich saß – in jenem Traum –
Unter einem Ahornbaum.
Golden schien sein Astgeflecht,
Ich erwähne es trotz Brecht,
Und die milde Luft, es war
Im September, äußerst klar.
Bis zum fernen Waldbeginn
Zog sich eine Wiese hin.
Auf der Wiese ging ein Faun
Und mit zweien seiner Fraun,
Und er sprach zu ihnen: seht,
Unser Bruder, der Poet.
An dem Himmel aber stand –
Ach, wir hattens nie gekannt –
Majestätisch, nackt und wild
Ein erhabnes Flammenbild.
Und es lächelte, als wärs
Jene Sonne nach Homers.

Kiefern und Rosen

Kiefern stehen, Rosen blühen
In dem weißen Heidesand.
Von der Liebe großen Mühen
Hab ich mich hierher gewandt.

Unter Kiefern, zwischen Rosen
Lieg ich ganz bei mir allein.
Seligstes von allen Losen,
Einsam und geliebt zu sein.

Glühn im Herd die Kiefernscheiter
Und der Rosenstock am End,
Kehr ich heim und liebe weiter,
Bis auch mich das Glück verbrennt.

Du sollst mir nichts verweigern

Du sollst mir nichts verweigern.
Ich will den letzten Rest.
Geht eine Lust zu steigern,
Ein Schurke, wer es läßt.
Gehabtes Glück hilft sterben.
Der Tod, er soll nichts erben
Als blankgeleckte Scherben
Und Schläuche ausgepreßt.

Der Vater der Genüsse,
Der alte Knochenmann,
Hängt an die tiefsten Schlüsse
Doch seinen tiefern an.
Boviste und Planeten,
Das Schicksal der Poeten ...
Er drückt uns an die Gräten,
Mein Liebchen, und was dann?

Drum glaub den tausend Zeigern
Der Welt, die nimmer ruhn.
Du sollst mir nichts verweigern.
Wir müssen lieben nun,
Bis einst aus freien Stücken,
Gesättigt mit Entzücken,
Wir unsrer Füße Rücken
Still voneinander tun.

Oktober-Song

Da habn die Proleten Schluß gesagt
Und die Bauern: es ist soweit.
Und habn den Kerenski davongejagt
Und die Vergangenheit.
        Und das war im Oktober,
        Als das so war,

In Petrograd in Rußland
Im siebzehner Jahr.

Da hat der Soldat das Gewehr umgewandt,
Da wurd er wieder Prolet.
Worauf sehr schnell vom Krieg abstand
Die Generalität.
Und das war im Oktober,
Als das so war,
In Petrograd in Rußland
Im siebzehner Jahr.
Da hatte der Muschik den Bauch nicht voll,
Und da las er dann ein Dekret,
Daß der das Korn jetzt fressen soll,
Der auch das Korn abmäht.
Und das war im Oktober,
Als das so war,
In Petrograd in Rußland
Im siebzehner Jahr.

Die Herren habn durchs Monokel geguckt
Und haben die Welt regiert.
Und eh ein Matrose in die Newa spuckt,
Warn sie expropriiert.
Und das war im Oktober,
Als das so war,
In Petrograd in Rußland
Im siebzehner Jahr.

Und der dies Lied euch singen tat,
Lebt in einer neuen Welt.
Der Kumpel, der Muschik, der rote Soldat
Habn die euch hingestellt.
Und das war im Oktober,
Als das so war,
In Petrograd in Rußland
Im siebzehner Jahr.

Poesiealbum 57/1972

Hartmut König

Werktag

Ein kalter Morgen.
Ich warte lang auf den Schichtbus und frier.
Leer sind die Straßen. Über den Häusern
steigt Rauch, den ich schnell aus den Augen verlier.

Ein kalter Morgen.
Rauh schneidet Kälte die Hände mir ein.
Hinter den Häusern sammelt der Morgen
viele ungleiche Farben und Lichter ein.

Mein erster Werktag.
Ich warte lang auf den Schichtbus und frier.
Neben mir stehen fröstelnd die andren.
Einer bittet um Feuer und stellt sich zu mir.

Denn sie lehren die Kinder

Ihr wißt es: Sie sind wieder da.
Braucht nur nach rechts zu schaun.
Sie schreien in schneeweißen Westen Hurra.
Die Hemden darunter sind braun.

Und sie lehren die Kinder,
ihr Land geh bis Polen
und es gäb auch dahinter
noch manches zu holen,
noch manches zu holen.

Die Kinder sagen wieder *Stettin*
und lesen bei Lampenschein,

wie mutige Männer gen Rußland ziehn,
und würden es selbst so gern sein.

Denn sie lehren die Kinder,
ihr Land geh bis Polen
und es gäb auch dahinter
noch manches zu holen,
noch manches zu holen.

Ach, sagt nicht: Seht, die Zeit verrinnt,
und mit ihr gehn auch sie.
Und wartet nicht, bis sie am Ende sind,
ein Ende erlebtet ihr nie!

Denn sie lehren die Kinder,
ihr Land geh bis Polen
und es gäb auch dahinter
noch manches zu holen,
noch manches zu holen.

Züge

Als am Morgen abfuhrn zwei Züge,
ein jeder in seine Stadt,
fuhrst du davon mit jener Lüge,
die dich gefangen hat.

Und was konnt ich tun, als dir sagen,
warum ich nicht mit dir fahr?
Du hast die Tür dir zugeschlagen,
die lange offen war.

Hinter deinen Nebelgewändern
sind meine Worte Rauch.
Du siehst noch deine Zeit sich ändern,
und dann siehst du mich auch.

Poesiealbum 63/1972

Stephan Hermlin

Die Vögel und der Test

Von den Savannen übers Tropenmeer
Trieb sie des Leibes Notdurft mit den Winden,
Wie taub und blind, von weit- und altersher,
Um Nahrung und um ein Geäst zu finden.

Nicht Donner hielt sie auf, Taifun nicht, auch
Kein Netz, wenn sie was rief zu großen Flügen,
Strebend nach gleichem Ziel, ein schreiender Rauch,
Auf gleicher Bahn und stets in gleichen Zügen.

Die nicht vor Wasser zagten noch Gewittern,
Sahn eines Tags im hohen Mittagslicht
Ein höhres Licht. Das schreckliche Gesicht

Zwang sie von nun an ihren Flug zu ändern.
Da suchten sie nach neuen sanfteren Ländern.
Laßt diese Änderung euer Herz erschüttern ...

1957

Die Milch

Ein seltsam Gras wächst auf im grünen Feld.
Ein neuer Regen hat es da benetzt.
Es weiden Herden unterm Wolkenzelt.
Was ist euch, daß ihr euch darob entsetzt?

Hier wächst die Milch heran, die Kinder nährt.
Sie sind kaum da. Doch ihre Zeit ist um.
Einst mütterliche Milch, die sie versehrt,
O du, tückisch durchblüht vom Strontium ...

Wer mit den Seuchen da zu Rate saß,
Ehe mit seiner Raubwelt er versank,
Plante Mißwuchs und Tod in einem Glas

Voll weißer Milch. Die macht Gesunde krank.
Wer hat in Gift gekehrt dich? Wer? Und was?
O Milch unfrommer Denkart, bittrer Trank ...

1957

Die Erinnerung

4

Es zögert ein Schritt unterm Fenster.
Ein Lied hängt im wilden Wein.
Wer wartet meiner im Abend?
Was will mir nahe sein?

Es fallen aus den Jahren
Schatten an die Wand.
Das Raunen der Geschichte
Sagt von einem Land ...

Von einem Land, seinen Küsten,
Seinen Himmeln mit Trübe und Glast
Über Kathedralen und Lorbeer
Und seiner Flagge am Mast.

Du meine Frühe, mein Mittag.
Karges Brot. Zerfallendes Dach.
Schmerzen. Die deinen? Die meinen?
Und unsere, unsere Schmach ...

Bekannt-unbekannt wie das eigene
Leben. Ferne Stimme, die bricht.
Schon fluten stiller die Buchten
In Poussins dunkelgoldenem Licht.

Land des Liedes, das auf den Schwingen
Des Sieges rheinwärts fuhr.
Die Feuer des Vormarschs brannten
In der Finsternis des La Tour.

Es zögert ein Schritt unterm Fenster,
Er fängt sich im wilden Wein.
Wer wartet meiner im Abend?
Du dort an der Schwelle, tritt ein!

Aber die Tür bleibt geschlossen.
Die Straße ist leer. Es wird Nacht.
Ich lausche. Im Herde lodert
Die vergangene Schlacht.

1953

Poesiealbum 64/1973

Axel Schulze

Die Schienenleger

1
die Schienen wie Seelen zwischen Basalt
an ihren Schenkeln reibt sich der Rost

2
aber ich spreche vom Schweiß unter der Achsel
von den Blechflaschen aus denen sie Wasser trinken
mittags wo die Sonne wie Stanniol knistert
und sie flüchten in die Frische des Gerätewagens

3
feucht vom Bier ist der Tisch
hier beugen sie ihren nassen Nacken
hier brechen sie behaglich das Brot

4
vielleicht schlafen sie noch auf dem Grunde des
Steinbruchs
vielleicht knicken sie noch eine Blume aus Stroh

5
ihre Tage im Sud des schwefligen Lichts
harte Tage die die Schultern verbrennen
und die heiße Haut von den Händen reißen
harte Tage in denen die Kiesel zerspringen
und der Abend wie ein Blutsturz den Himmel färbt

6
der Pfiff der Lokomotive teilt ihre Stunden
der Atem bewegt ihre geschundenen Rippen
sie heben die Hacke zwischen Asche und Schweiß

7

ich habe ihre Hemden gesehen
ich habe ihre saure Suppe gegessen
ich habe mit ihnen auf Regen gewartet

8

sie lassen am Morgen frisches Wasser
über ihr Gesicht laufen
und sie fühlen noch den Schlaf
wenn sie am Mittag körniges Brot
aus dem Papier wickeln
schwer sind ihre Hände am Abend

9

durch Staub gehen die heimwärts
eine Kartoffelblume im Knopfloch
eine Schwertlilie im Trinkbecher

Privates Gedicht

Die märkische Kleinstadt, die da irgendwo
    ausläuft in
Bohnenfeldern und sandigen Exerzierplätzen:
ich flüsterte im einzigen Hotel auf deine Haut,
    was du vergessen kannst,
dein Haar trocknete der elektrische Fön, und du
    hast wirklich geweint,
als ich zwischen zwei Witzen meine Hand auf
    dein Herz legte;
auf den Korridoren blätterte Bleisilber hinter den
    Spiegeln,
und die Frau von der Anmeldung saß unter einem
    Bild, auf dem blaufleischige Engel schwebten;
nach gelöschtem Koks roch das Gaswerk, morsche
    Ruderkähne waren halb ins Wasser geschoben,
unter der Eisenbahnbrücke sah ich, wie weiße
    Asche auf deine Schultern fiel,

dann kamen vier Schwäne vorbei und machten uns
romantische Gedanken;
wieviel wir uns zu sagen hatten zwischen
durchschwitzten Bettüchern, so
daß wir morgens nicht wach wurden vom Geschrei
des Hahns, den
der Koch am metallischen Gefieder faßte und auf
den Hauklotz legte;
in die Messingscheibe der Spieluhr griffen rostige
Stifte;
wie schwer immer wieder, eine Geschichte zu
erzählen, die nie aufhört zu beginnen.

Poesiealbum 68/1973

Günther Deicke

Behretal

Hier hat das Wasser seine Bahn gebrochen.
Fels und Geröll,
darüber tost es hin.

Und eine Amsel singt.

Der Schienenweg kreuzt die Asphaltstraße.
Die Kraftwagen schalten zurück.
Langanhaltend pfeift der Zug.

Und eine Amsel singt.

Impression unterwegs

Das kleine Gasthaus einer Bahnstation.
Nur wenig Gäste um die Mittagszeit.
Ein Sägewerk summt seinen gleichen Ton,
durch Fenster schaun die Berge, mild verschneit.

Im Radio konzertiert ein Streichquartett,
und in der Küche wird Geschirr gewaschen.
Die Wirtin ordnet Gläser am Büfett,
Zigarren, Zigaretten, Weinbrandflaschen.

Ich warte auf den nächsten Omnibus.
Gespräch am Nebentisch; verhalten, leise.
Der Tag ist still, von Freude und Verdruß
gleich weit entfernt: der Alltag einer Reise.

Verdammt mir nicht zu sehr die Langeweile!
Sie bringt manchmal die Poesie in Trab.
Und so hat Anteil auch an mancher Zeile
das Gasthaus einer Bahnstation seitab.

Haus der Kindheit

Steht noch das Haus der Kindheit?
Ruft das Glöckchen noch immer nach Haus?
Über den Jahren der Blindheit
schwingt sein Läuten aus.

Da war der Sommer ewig
im Tal den Fluß entlang,
da war der Winter ewig
am weißen Schlittenhang.

Hat sich die Welt erneuert
mit jedem neuen Jahr?
Groß stand der Tag im Feuer
und unverwechselbar.

Und wie der Kinderglaube
von einer Wiederkehr
winkt noch der Flug der Taube
von Noahs Arche her.

Poesiealbum 70/1973

Grafik von Ruth Knorr
Poesiealbum 70/1973 - Günther Deicke

Jürgen Rennert

Im Juli stehn die Bäume still

Im Juli stehn die Bäume still
Und gehn nicht mehr spazieren.
Kein Blatt bewegt sich, keines will
Den Kreislauf strapazieren.

Nun frag ich dich: Wo soll der Wind
Denn herkomm', wenn da alle
Nichts weiter als apathisch sind?
Gleichmut kommt vor dem Falle.

Mach selber Wind, und halt dich fest,
Denn wenn die Blätter sich bewegen,
Dann weißt du ja, dann kommt von West
Ein Wind auf, der bringt Regen.

Wenn die Sessel müde werden

Wenn die Sessel müde werden,
Weil man sie zu lang besessen,
Suchen sie, die Sitzbeschwerden
Meist kopfüber zu vergessen.

Willig lassen sie sich heben,
Um auf Männern fortzureiten,
Die den Kopf einziehn, um eben
Noch die Türen zu durchschreiten.

Hingerissen von Gefühlen,
Schrein die Sessel: Schneller! Schneller!
Und man trägt sie zu den Stühlen
Ihrer Jugend in den Keller.

Ach, es läßt sich gar nichts zwingen

Ach, es läßt sich gar nichts zwingen,
Wenn man nichts zu zwingen hat.
Willst du keine Lieder singen,
Hilft dir auch kein Notenblatt.

Alles will bezwungen werden:
Stimme, Stimmung und Gedanken.
Selbst den freiheitlichen Pferden
Setzt die Koppel sichtbar Schranken.

Manchmal springen sie darüber,
Das ist meist bei hellem Mondschein.
Und dann klappt es auch, mein Lieber,
Nur das Springen will gewohnt sein.

Wenn du große Leute siehst

Wenn du große Leute siehst,
Mußt du dich vor hüten.
Wenn du dich nicht niederkniest,
Knallen sie mit Tüten.

Wirklich große Leute sind
Meistens sehr viel kleiner,
Kleiner noch als manches Kind,
Und das weiß fast keiner.

Wenn du eine Puppe hast,
Darfst du sie mir schenken,
Die mich zärtlich unterfaßt,
Wenn wir an dich denken.

Poesiealbum 75/1973

GRAFIK VON MANFRED BOFINGER
Poesiealbum 75/1973 - Jürgen Rennert

Erich Arendt

Der Morgen
Für Eduard Reifferscheid

Hahnweiß flatternd
aus Rinde und
Spalt,
        das Licht.
        Steilab
die Enge des Tals.

Glanzzerschriene Stille.

        Am Holztor
        staubdunkle
Mandelschalen,
zerspellt:
        (die tanzenden
Kinderhämmer am Abend).

Bergatem
wächst.

Treibe
        den Schritt (im
heißen, im Haar
Zikadengenist)
zenit - an. Im Stein
das Spiegelaug.
Kreist.

        Über dir, randlos,
        steigt es, das
Meer über dir, gehalten
vom Blindflug Sonne:
                        Mein!

Argonautentag: Fels Leib
des Mittags.
Blendung und
stachelnde
Feuerkronen.

Mittagspause

Kraushaariges Lachen
im Steinbett
der Flüsse.
Oleanderlanzetten
glanzheiß.
Bannt der
minotaurische Blick.
Stirnoffnes Licht.
Seine Stacheln im
Riß
der Rinde.
Ein letztes
Erinnern:
Meer, das
den Zottigen
küßte.

Sonnengneisnackt.

Das Auge,
atemaugnah.
Bis Blut fällt
aus Ästen,
leer
singen die
Mittagsfelsen. Rings
lang-
zähniger Schädel
hartes Gerupf.

Poesiealbum 76/1974

Gabriele Eckart

Märznacht

Im eignen Bann hält uns der Tag mit den spiegelnden
 Himmeln.
Aber wie gebannt steh ich erst jetzt -
vor den ferneren Welten und lockenden mit ihrem
 Licht -,
hier, auf der Erde, diesem Kügelchen. (Wer gibt mir
 den Balancestab?)
Und höher schlägt die Brandung Ungeduld in mir.
Wo werd ich denn gewesen sein in einem Zwanzigstel
 Jahrtausend?
So schlug sie schon einmal:
Als ich stand, ein Kind, auf der Schwelle vor den
 rätselvollen Straßen,
eh ich, mit meiner Lust und meinem grünen Trittroller,
sie dann, und die entfernteren, nahm.

Tagebuchnotiz, 30.5.73

Nun bin ich fast ein Jahr lang hier,
in dieser, um so mehr ich sie erfahre, von den
 Städten kniffligsten,
für mich: mit meinen alten Ansichten,
die mir eingeflößt wurden, 12 Jahre lang,
 lehrpläneweis,
wonach sie aufginge mit sich, die Welt, ganz,
ohne Rest, nach dem zu fragen bliebe,
und gar nicht wie Berlin:
mit seinen Hinterhäusern, diesen Lästermäulern,
und seinen preisenden Fassaden, Fahrstühlen und
 Spültoiletten,

mit seiner seltsamen Spree,
dieser kundigen, sie tastet sich mit feinen Fingern
durch die Stadt
und spürt - nach dem ich umsonst noch such - ihren
Puls ganz genau.
(Ob sie mich ins Vertrauen zieht?)
Und wie sie, seht doch, die Museen umarmt: die uns
angeht, die Geschichte.
Diese selbe Spree, die runterschluckt die Abwässer
wie scharfen Schnaps,
und fühllos torkelt sie dann durch Berlin,
durch dieses Berlin
mit seinen sehr offiziellen Gesichtern
und persönlichen manchmal, die mir guttun,
und wo der Dom, den Fernsehturm beneidend, mühsam
seinen schweren Kopf geradehält,
dieses Berlin mit seinem Regen,
der sich den Mund fußlig redet, Referat für Referat,
und der feigen Schwüle, die viel dazu zu sagen hätte,
aber schweigt,
und dem Gewitter endlich: Auf
stoßen die Wolken das Wehr ihren energischen
Worten ...
Für den Ahornbaum vor meinem Fenster ist ein
Festschmaus dann an Sonne,
die er spachtelt, daß ich seine grünen Gabeln
klappern hör.
Auf seinen Zweigen wippt er alle Finken dann
von Berlin.
Ja, an solchen Tagen bin ich fröhlich,
leiste meinem hungrigen Gedächtnis einen Festschmaus
auch:
aus dem Bücherladen stapelweise die Memoiren
der Welt!
(Da eß ich selber lieber Margarinebrot) -
Vielleicht erklärt es, dieses knifflige Berlin,
sich da?

Ich wollte immer allein sein

Ich wollte immer allein sein.
Ich liebte nur das Gras, die Blumen und den Wind,
der auf den Höhen seinen Blasebalg titt,
die kindlichen Spiele des Kuhbergs, der mit seinem
Turm
den Himmel in die große Zeh sticht, die Wolken,
meine Bücher.
Und noch den allgemeinen Menschen. Ohne Stimme
und Gesicht.
So wollt ich sein: allein in meinem ahnungslosen
Fleisch,
und wäre auch noch lang getappt
auf dieser falschen Fährte nach dem Glück.

Aber als ich dich vor einem Monat sah
mit deiner weiten Seele, die südlich ist und schön
wie dein Gesicht,
erstaunte ich auf einmal:
Schlagen denn nicht alle Blumen ihren Blick errötend
zueinander auf?
Stürzen nicht die Straßen zu der Kreuzung, um sich
zu umarmen?
Erschauert nicht vor Wollust selbst das Gras
ob seiner Nacktheit?
Und ich begreife nun langsam, was seitdem geschah:

Deine Lippen haben mir die Keuschheit von der ganzen
Haut gepflückt,
und nun denke ich an dich
wie die Erde an den Himmel, ihren Liebsten,
mit seinen Küssen, den Blitzen und seinem Regen,
durch den erst zauberkundig wird ihr Schoß.
Das weiß ich nun den ganzen Tag lang. Und ich spüre
meine Kraft und Jugend mehr als je:

So vermag ich alles.
Wenn ich meine Hände um den Himmel legte, reichte
ihre Hitze,

um ihn auszubrüten, und wir erstaunten,
was hervorkäm aus der Sonnendotter.
Aber das wär Unfug.
Statt dessen krempelt sich mein Geist die Ärmel auf,
lustvoll: All die starken Stämme unsrer Worte
will ich aneinanderbinden zu Flößen, ganz fest,
daß sie übers Grenzgewässer, abgestandne, gehn,
das uns von den andern noch trennt.
Aufwiegeln will ich aller Ungeduld zu gründlicherer
Liebe!

Poesiealbum 80/1974

Max Zimmering

Der Leichenwagen

Auf der Straße fährt ein Leichenwagen,
denn die Leichen haben Fahren gern.
Auf dem Fußweg wird ein Kind getragen.
An der Ecke stehn zwei dicke Herrn.

Weshalb ist wohl dieser Mensch gestorben?
Altersschwäche oder Knochenschwund?
Oder waren es nur Liebessorgen?
Oder starb er völlig ohne Grund?

Grundlos sterben wohl die Menschen selten.
Knochenschwund kommt auch nicht öfters vor.
Altersschwäche kann nicht immer gelten.
Ob ein Mädchen ihren Schatz verlor?

Weshalb wohl die beiden Dicken lachen?
Etwa lediglich zum Zeitvertreib?
Oder weil sie geile Witze machen?
Ist der Grund ein liederliches Weib?

Neulich fragte ich den Leichenfahrer,
wer denn eigentlich der Tote war.
Keine „Größe" – nur ein Schlosser war er;
arbeitslos schon fast das vierte Jahr.

Ob die Dicken auch erwerbslos waren?
Sicherlich ... Sie hatten nichts zu tun.
Ob die auch mal Leichenwagen fahren
und im Grab als Würmernahrung ruhn?

Woher nehmen Dicke bloß den Nacken,
ihren Bauch und auch das Rückenfett?

Ob die auch - wie Wilhelm - Brennholz hacken?
Haben die auch jede Nacht ein Bett?

Sicher haben sie ihr Fett gestohlen ...
Doch bei wem? Vielleicht beim Schlosser Schmidt!
Wollen wir es uns nicht wiederholen? -
Hallo Jungens! Macht die Rechnung quitt!

1931

Elegie zwischen Krieg und Frieden

Verklungen ist der letzte Schuß,
der letzte Sterbeschrei verklang;
doch immer noch lauscht mancher bang,
wenn da ein Laut durchs Fenster drang.

Oh, daß man sich gewöhnen muß
an Friedensruh und Friedenslaut
und daß, wenn uns der Tag verblaut,
das Fenster unverdunkelt bleibt
und daß, wenn neuer Morgen graut,
kein Brandgeruch am Himmel treibt.

Oh, daß uns seltsam fremd berührt,
was einstmals uns alltäglich galt.

Des Blinden klagende Gestalt,
die einer durch die Straßen führt,
sie löst uns keine Träne mehr:
Stumpf schweift das Auge dran vorbei;
kalt ward das Herz und stumm der Schrei
im großen Leidenseinerlei.

Wer täglich in der Zeitung las,
es gingen Tausende ins Gras -
wie kann der weinen, wenn er sieht,
daß einer blind des Weges zieht?

Verklungen ist der letzte Schuß,
der letzte Sterbeschrei verhallt –
Oh, daß man sich gewöhnen muß,
an das, dem unser Sehnen galt.

1945

An einen jungen Dichtergenossen

Ihr liebt es nicht, wenn einer sagt,
ihr läget in gemachten Betten
und daß die Alten sich geplagt
und euch den Weg bereitet hätten.

Auch ich war jung – und oft voll Zorn,
wenn man mich ständig zieh der Sünden
und immer stieß ins gleiche Horn:
daß wir zu kämpfen nicht verstünden.

Wie haßte ich die Ungeduld,
mit der man mich erziehen wollte –
und dennoch fühlte ich auch Schuld,
wenn ich – selbst ungeduldig – schmollte.

Und, ganz mit mir, hielt ich Gericht,
bemüht, der Wahrheit Kern zu finden
und so die Enge meiner Sicht
durch eigne Kraft zu überwinden.

So fand ich, daß nur fordern kann,
wer unermüdlich lernt zu geben,
und daß der Kampf vor mir begann
und Kämpfer nach mir werden leben.

Ich heiß es falsch, o glaubt es mir,
euch stets nach Dankbarkeit zu fragen;
ihr habt den gleichen Teil wie wir
an Stein für unser Haus zu tragen.

Ich weiß, wie schwer es manchem fällt,
der Alten Sorge zu begreifen,
denn neu und anders ist die Welt,
in der die Jungen wachsen, reifen.

Und doch: ich kenne nur *ein* Ziel
und *ein* Programm, so teuer allen,
für das so mancher Alte fiel
und mancher Junge ist gefallen.

Der Alten Ungeduld verzeiht;
sie war der Ansporn ihrer Mühen
und ihres Traums von beßrer Zeit,
ihr Hoffen, Ringen und Erglühen.

1963

Poesiealbum 85/1974

Grafik von Wolfgang Mattheuer
Poesiealbum 85/1974 - Max Zimmering

Thomas Brasch

Papiertiger

SIE LADEN DICH ZUR MAHLZEIT EIN.
Sie rücken dir den Stuhl an den Tisch.
Sie drücken dir einen Hammer in die Hand.
Sie drücken dir einen Löffel in die Hand.
Sie legen ein Blatt Papier vor dich hin.

1
ICH HABE SCHLECHT ÜBER DICH GESPROCHEN.
Du hast auf das falsche Pferd gesetzt.
Ich habe dein Vertrauen gebrochen.
Ich habe die anderen gegen dich aufgehetzt.
Du bist nicht gegangen.
Setz dich wieder. Nichts hat aufgehört.
Jetzt können wir anfangen.
Ich habe mich als ein Verräter benommen.
Ich habe auf dich gespuckt.
Sie haben kein gutes Wort zu hören bekommen.
Ich habe nicht mit der Wimper gezuckt.
Du bist nicht gegangen.
Du stehst noch, wo du gestanden hast.
Jetzt können wir anfangen.
Ich habe gesagt, daß ich nur zu feige bin wegzugehn,
obwohl mir nichts anderes bleibt.
Es hilft jetzt nicht mehr wegzusehn.
Es ist der andere, der den einen wund reibt.
Es ist der eine,
der dem andern die Tränen ins Auge treibt.
Du bist nicht gegangen.
Du hast dich neben mich gesetzt.
Jetzt können wir anfangen.

2

ANNAS TANTE IST TOT.
Sie ist vor drei Tagen gestorben.
Jetzt liegt eine Leiche im Krankenhaus,
die nichts aussagt.
Anna liegt auf dem Sofa
und versteht für eine Woche
das Leben.

6

DA LIEGT SIE ZWISCHEN DEN BÜCHERN UND SCHREIT.
Ihre Hand krallt sich ins Tischtuch aus Seide.
Die Tür ist zugeschlagen hinter dem Mann, und
die Ehe ist aus. Jetzt ist sie allein
zwischen den antiquarischen Möbeln,
unter dem silbernen Leuchter,
neben den aufgestapelten Manuskripten zum Thema
„Klassenkampf und Soziologie“.
Jetzt stottert die Studentin der Filosofie
(zwei Jahre vor ihrer Doktorprüfung,
zwei Jahre nach ihrer Hochzeit)
wie Galilei auf der Folter:

„Was nutzen mir die Grundzüge der Dialektik,
wenn es kalt wird in meinem Körper.
Was hilft mir, daß ich weiß, was ich weiß,
wenn ich nicht weiß, was ich machen soll.“
Da liegt sie und haßt ihren Kopf,
aus dem die Tränen auf den teuren Teppich fallen,
in dem durcheinanderfallen
die Quellen und Bestandteile
der marxistischen Weltanschauung.
Aber die Tür öffnet sich, und
die Ehe ist nicht aus. Es beginnt ein Gespräch
über die objektive Notwendigkeit
der Auseinandersetzung.
(Hoch lebe die tote Studentin der Filosofie)

11

WIE VIELE SIND WIR EIGENTLICH NOCH.
Der dort an der Kreuzung stand,
war das nicht von uns einer.
Jetzt trägt er eine Brille ohne Rand.
Wir hätten ihn fast nicht erkannt.

Wie viele sind wir eigentlich noch.
War das nicht der mit der Jimi-Hendrix-Platte.
Jetzt soll er Ingenieur sein.
Jetzt trägt er einen Anzug und Krawatte.
Wir sind die Aufgeregten. Er ist der Satte.

Wer sind wir eigentlich noch.
Wollen wir gehen. Was wollen wir finden.
Welchen Namen hat dieses Loch,
in dem wir, einer nach dem andern, verschwinden.

Poesiealbum 89/1975

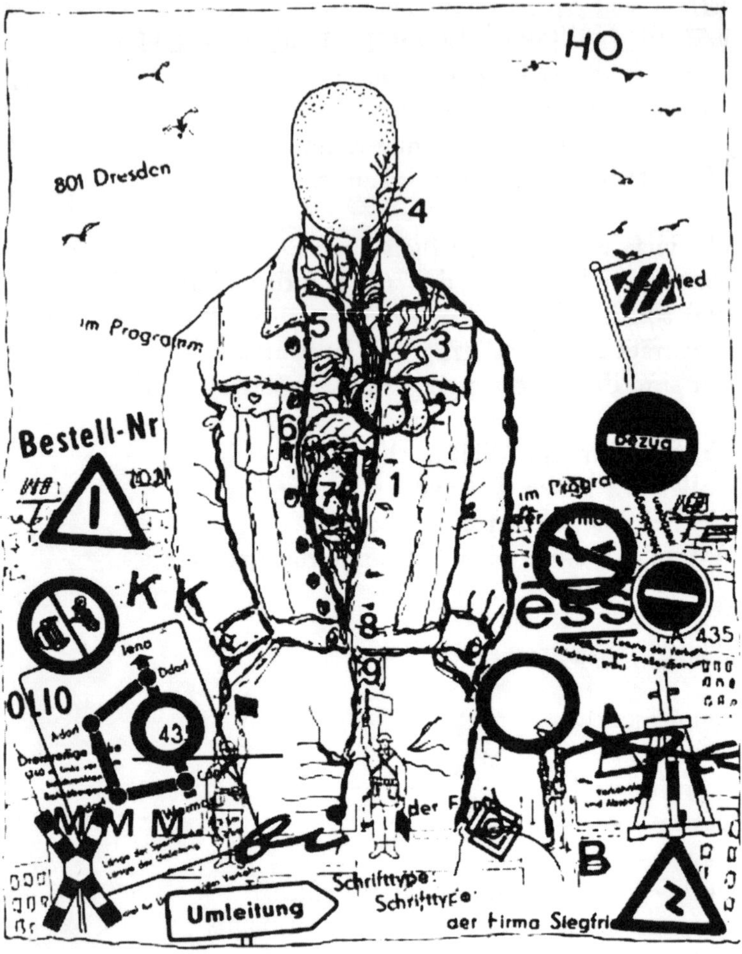

GRAFIK VON EINAR SCHLEEF
Poesiealbum 89/1975 - Thomas Brasch

Hans Marchwitza

Das Kind der Schächte

Mein Wiegenlied war Rädergestampf.
Die grellen Pfiffe von Lokomotiven.
Mauern versperrten mir die Welt,
Schachtgerüste und Berge von Kohle.
Im Rauch verschwand eine blutige Sonne.

Oft stand ich als Knabe
Mitten im Schienenstrang,
Breitete die Arme aus,
Willens, das Stahl-Ungeheuer,
Das wild mir entgegenrollte,
Mit meiner winzigen Kraft aufzuhalten:
„Halt!" schrie ich. „Steh, Teufel!"
Ich mußte weichen,
Denn die Maschine war stärker als ich.

Sie rollte vorbei,
Dahinter die Wagen –
Wagen – Wagen – Wagen an Wagen.
Und was von den Wagen zur Erde fiel,
Das klaubte ich auf und trug es nach Haus'.
Denn je höher wuchsen zum Himmel die Halden,
Um so weniger Kohle gab es daheim.
Kam der Winter, war kalt unsre Stube,
Trotz der Kohle, die nah zum Greifen lag.

Mit vierzehn Jahren stand ich auf der Rampe,
In der jungen Hand Schaufel und brennende Lampe.
Man sagte mir früh, was ein Bergmann ist:
Ein düsterer Mensch.
Ein Kerl, der säuft.
Ein Satan, der sein Elendsweib prügelt.

Ein Sünder, den der Schwarze zu Hunderten holt.
Durch Seilbruch,
Gesteinbruch
Und stürzende Flöze –
Wenn ihn nicht schlagende Wetter erstickten.

Gedanken an Heimkehr

So sitz ich immer, zag und klein,
Wenn's Glück auf mich eindrängt.
Wie wird es mir zumute sein,
Wenn's wahr zu sein anfängt,
Wenn mich mein Himmel erst umglüht,
Der tausend Essen Brand
Und unser Marsch und unser Lied
Durchbraust das alte Land!

Wie schlug ich mich durch alle Not,
Daß ich nicht hoffen soll!
Dampft unser Zug, qualmt unser Schlot,
Lacht alles hoffnungsvoll.
Zum Donnerkeil und Wetterschlag,
Packt es dich nicht wie mich?
O still, ich weiß, an diesem Tag,
Dem schönsten, weine ich.

So stürmt es immer auf mich ein.
Es kommt, wenn's heimzu drängt.
Es wird noch viel zu kämpfen sein,
Wenn's wahr zu sein anfängt.

Amerika 1946

Poesiealbum 93/1975

Walter Werner

Worte für Holunder

Vogelstaude,
rundes Gehölz.
Zwei Flügel am Morgen,
ein Nest für den Abend.

Holunderstrauch,
Einkehr der Kehlen
im Heimgang der Lieder,
womit wir die Sinne betäuben,
den Friedhof beleben.

Liebeslaube,
Rascheln im Busch,
wenn wir uns gegenseitig
am Reiz der Körper reiben,
schwere Süße aus den Beeren,
helle Säfte aus der Wurzel treiben.

Aber die Tiere

Stirbt die Katze,
wird sich ihr Alltag umkehren,
seine Krallen zurücknehmen
und zur Beerdigung kommen
mit Milchnapf und Schüsseln,
gestohlenen Landleberwürsten
und bunten Federbüschen von den Hügeln.

Der Hund schiebt seine Lichter zu
mit dem Entschluß sich zu rächen

an der Wanderlust der Flöhe
oder dem Kettengekläff des Nachbarn.
Raubgesindel quert noch seine Stimme,
Fabeln fächelt sein Schwanz.

Wie der Fisch, ein Muskel
der Strömung, ums Leben kommt,
ergründen die Angler am Biertisch
oder verschweigen die Wassermänner.
Noch lange spucken wir ihn aus, den Fisch,
wenn uns seine Kieme
an den Gaumen runzelt
oder den Gelee zerspellt.

Ein Vogel kann nicht sterben,
den kriegen wir nicht in die Hand.
Er singt mit Flügeln,
redet mit dem Schwanz.
„Die Vögel verzehren die Nacht.“
Sie fallen ins Leben
und fliegen in den Tod.

Mein Hausschaf lebt ewig.
Ich bereite ihm ein Bett
aus Grasnarbe und Blatt
duftender Kräuter.
Ein weites Feld ist ihm die Erde
mit vier nützlichen Beinen
und einer Mähne aus gemolkenem Licht.

Kleine Schöpfungsgeschichte

Wohin geht die Reise?
Über meinen Apfelbaum nur,
ein paar Sprünge durch das hohe Gras,
bis ich die freundliche Fessel

verliere, mein grünes Gewicht Wiese,
ihr Tüpfelchen Blüte
unter mir.

Ich übe die kleinere Lust zu leben
im Laut eines Nachmittags,
und mit Sonnenbrille
wirkt er fast tödlich, der alte Schlendrian.
Kaffee und Musik, Brot
und ein erholsames Gespräch
in der Tasche, vorüber
ist mein gepfähltes Hiersein,
das gestellte Dorf
und der verunglückte Name, zu erscheinen
und nicht wahr zu sein.

Mir fallen schon Texte ein,
die benötigen nichts,
nur daß ich da bin. Strophen,
die sich maßlos vergnügen
und taktvoll verwehren. Allmählich
entwöhnt und verliert sich ihr Jubel.

Poesiealbum 95/1975

Paul Wiens

Verzweiflung

Wenn sich die letzten staaten tödlich reiben,
was wird von land und leuten übrigbleiben?
Ach, schwarze wogen himmelgroß,
die auf die Städte schlagen ...
Wer wird die letzte geschichte schreiben?
Wer wird zu grabe tragen
den armen erdenkloß?

Es bleibt auch nicht einer – ihm nachzudenken ...
Es bleibt auch nicht einer – sich mitzuversenken ...
Schnell, schreibe noch dein schlußgedicht,
eh wir zu nichts erkalten,
eh wir vom roten gestirn abschwenken –
für keinen zu erhalten
das letzte sonnenlicht!

Schnell, sammle letzten glimmer, letzte feder,
mit letztem duftöl schmier dein hosenleder
und schwill und spreiz dich wie ein pfau
und schmück mit geist und haaren
den wehen schädel – zu gefallen jeder,
wie immer wunderbaren,
wie nie noch letzten frau!

Schnell, eh zerspellt weltbild und weltenrahmen!
schnell, sämann, säe deine letzten samen
dem letzten frühling in den wind!
Ins nichts wird er sie tragen ...
Ehe vergessen sind die süßen namen,
laß uns noch einmal sagen:
Geliebte, brot und kind ...

Vermächtnis

Das sei unser vermächtnis:
ein gutes, ein scharfes gedächtnis -
und unsre hinterlassenschaft:
ein sommer voller licht und saft,
ein sommer - windig, aber weich,
tief, tief der wald, die äcker reich,
die straßen um die erde breiter,
die leute herzlicher, gescheiter,
haut und gedanken ohne beulen,
gedichte an den anschlagsäulen,
mit liebe jedes haus unmlaubt,
froh jedes kind - und überhaupt
ein tropfen nur des volkes bitterkeit,
sein glück jedoch - wie alle meere weit!

1953

Dir, die ich meine ...

Ich lag zu schiff gefangen,
da sprang ich stracks ins meer.
Und gelt ich als verschollen,
durch wind und wogenrollen
will ich zu dir gelangen
als wie auf sichrer fähr.

Der kompaß kam abhanden,
die sterne scheinen nicht.
Kein gott in meiner tasche,
nicht kork noch wärmeflasche ...
Und doch - ich werde landen
bei deinem augenlicht.

Zum trotz vernunft und wahne,
ich weiß, daß ich dich find.

Verworfen od erhoben,
die wasser will ich loben,
die großen ozeane,
weil sie lebendig sind.

Und fragst du nach der stelle
für unser stelldichein:
im sinken und im schweben,
solang wir liebend leben.
Wie uns auch trägt die welle,
du bist gewaltig mein.

Poesiealbum 103/1976

Inge Müller

Freunde

Im Zimmer geblieben
Ist der Tabakrauch
Ihr geht, gern ging ich auch
Und wenns zum Fenster wär
Die Gardine zur Seite schieben
Im Schnee unterm Wind beugt sich ein Strauch
Das Eis am Fenster schluckt mein Hauch
Ich seh eure Schatten wandern
Einer vorüber im andern
Die Wände um mich geben keinen Ton
Wo sind eure Stimmen? Kein Echo? Schon
Ist alles leer, ich find nicht was ich hab
Und geh und wasche für morgen
Die Teetassen ab.

Ein Augenblick

Ich nicht ihr habt mich aufgegeben
Pauschal und objektiv
Da rief mich einer, rief nach einem um sein Leben
Im Laufen um nicht aufzugeben
Blieb ich bei dem der rief
Für eine Stunde.
O schneller Schmerz: von Dauer und grundtief.
Ich fühl mich wieder leben.
Ein Augenblick vernarbt die Wunde.
Der Bruch verheilt: schief.

Wie

Wie kann man Gedichte machen
Lauter als die Schreie der Verwundeten
Tiefer als die Nacht der Hungernden
Leiser als Atem von Mund zu Mund
Härter als Leben
Weich wie Wasser, das den Stein überlebt?
Wie kann man keine Gedichte machen?

Liebe

Gelernt hab ich
Was hab ich gelernt
Was nicht paßt wird entfernt
Was entfernt wird paßt.
Ich bitte mich zu entfernen.

Ein Verbrecher bin ich: Halt nichts von Geld
Ich will alles von der Welt.
Du hast Märchen und hast sie schön erzählt
Könnt ich abtragen was dich quält
Wo sind die Freunde hin
Im Geist und im Sinn.

Ach du lieber Augustin
Wie fröhlich ich bin.

Poesiealbum 105/1976

Volker Braun

Das Eigentliche

Während wir selbstsicheren Affen
Uns auf den Bildschirmen feilhalten
Wissen wir kaum, was wir eigentlich wollen:
In unsern Redensarten, Freunde
Kann der Sinn nicht ganz liegen.

Während wir magere Daten speisen
Während wir Pläne basteln aus dünnem Papier
Während wir uns an die Linie halten
Wissen wir kaum, was wir eigentlich machen:
Was wir herbeizitieren
Wird uns nicht mehr gleichen.

Wir wissen es kaum, aber eigentlich
Geht es uns nur um das
Was wir umbringen mit vielem Getue
Was wir zuschütten mit grämlichem Eifer
Was wir vergessen in aller Eile
Was wir scheuen wie eine Freude.

Der Lebenswandel Volker Brauns

Ich bin an einem Sonntag geboren und verfolgt
vom Glück:
Nicht zerborsten unter den Bomben, nicht ausgezehrt
Von den verschiedenen Hungern.

Im fernen Geifer des Äthers, dem Haß
Bin ich nicht erstickt, noch vom Qualm aus den
Bücherspeichern
Dem feigen Sud der Kanzlein.

Ich wuchs an der grünlichen Grenze auf zwischen Stadt
und Land
Die langsam zerbricht unter unsern Gliedern.
Und teile meine Zeit zwischen Disteln und Kompressoren.

(Das alles gehört mir, solange ich denken kann.)

Glück, sage ich, ich weiß wie das seltene schmeckt.
Ich habe Landschaften aufgeschlossen und durchwalkt,
ich sah die Äcker Sachsens
Zusammenwachsen und wüsten Fabriken.

Ja, ich kann von Glück reden, die Gemetzel sind fern.
Nur bis an die Haut treffen die Schläge mich
Ich weiche nicht aus und brülle, ihr hörts, ohne
Scham.

Und ich ahne, versessen in meine Provinz
Daß hier der Welt ein Beispiel geschieht an Milde
An unerbittlicher Milde, an milder Entschlossenheit.

(Das braucht den langen Atem Millionen ruhiger
Lungen.)

Aber ich sehe, zum Glück, daß alles das wenig ist
Und mein Tag nicht gefüllt zum äußersten zarten Rand.
Die Arbeiten meines Lands sind jetzt klein.

Wie gleiche ich ihm! meiner Wünsche heiterste
Sterben. Zu fern voneinander blüht unser sanftes
Gehirn
Und was sage ich schon. (Was hab ich zu sagen?)

(Doch meine Genossen hinter den östlichen Grenzen
denken wie ich.)

Mit vielen lebe ich, und liefere meine Sätze.
Was sind wir allein, sage ich. *Was soll die
Versessenheit?*

An ein Land nur verschwend ich mich länger nicht.

Und ich gehe nicht mehr gelassen unter den weißen
und bräunlichen Stämmen
Die auf Umwegen krauchen ins mehr oder weniger
gelobte Land
Verschieden geschieden oder sich mit Stahlrohren
verschweißend.

(Ja, ich sage: in dieser Schlacht zueinander ist
jedes Opfer nur recht.)

Ich, gemodelt aus vieler Geschlechter Stoff
Die ich in mir spüre, einer gemischten Gesellschaft
Fortsatz
Mit gemischten Gefühlen harre ich meiner Entschlüsse.

Für einen Augenblick im Dämmer seh ich meine
Schienbeine glänzen
Wie Totengebein, und ich liege abwesend von mir
Und ich frage mich, ob ich zuviel nicht rede

Zuviel nicht rede für unsern Kopf und Kragen.

Kultur in Weimar

1
Freundlich bereiten das Haus wir den toten Dichtern
des Volkes
Aber dem lebenden Volk, Kleine Kirchgasse 6?

2
Redner, steckt weg eure Zettel. Nichts mehr davon, ich
bitt euch.
Würde haben wir, doch ist ganz die Blöße bedeckt?

Meine Damen und Herrn

Noch kann ich zurück
Aus meinen Vorsätzen
Noch spiele ich meine Rolle
Kühl, mit großem Abstand
Noch stehe ich über dem Text
Noch ist mir die Maske nicht ins Fleisch gewachsen
Ich kann nicht mehr abtreten, aber ich hab viele Schlüsse
Meine Damen und Herren
Es ist vieles möglich
Ich kann mich verhüllen oder entblößen, wie Sie wollen
Ich kann auf den Haaren laufen oder noch besser
Auf zwei Beinen wie ein Clown
Entscheiden Sie sich
Noch kann ich meine Worte wenden
Noch kann ich meinen Mund umstülpen zur Trompete
Und Sie in meinem Blick halten wie in einem Strudel
Noch kann ich aus meiner Haut
Aber entscheiden Sie sich
Noch kann ich Ihnen dienen
Also äußern Sie Ihre intimen Wünsche
Sonst müßte ich Ihnen etwas vormachen

Sonst müßt ich mich festlegen auf mich
Sonst müßt ich auf meiner Stelle treten
In meiner letzten Rolle
Und mich einrollen
In diese bleibende Maske.

Poesiealbum 115/1977

Reinhold Andert

Das Märchen von der Rohstoffkrise

(Dieses Lied hat - ähnlich dem Lied „Ein Mops kam in die Küche" - kein Ende. Wegen der Papierkrise schreibe ich nur anderthalb Strophen auf.)

Erste Strophe:
Es ist eine gute Erfindung,
mit ein paar Pferdeschwanzhaaren
über einen Katzendarm zu streichen
und mit diesen Tönen
unsere Werktätigen zu zerstreuen bzw. zu erbauen.
Es war einmal,
so fängt auch dieses Märchen an,
es war einmal eine Zeit,
da wurden Pferdeschwanzhaare knapp.
Das Ministerium zur Zerstreuung und Erbauung teilte mit,
daß auch dies die Folgen der kapitalistischen
Energie- und Rohstoffkrise seien
und mit dem steigenden Weltmarktpreis für
Pferdeschwanzhaare zusammenhinge.
Es wurden Maßnahmen eingeleitet:

Erste Maßnahme:
Die Hälfte aller Konzerte hat zu unterbleiben.
Da aber, auf Beschluß von Partei und Regierung,
unsere Bevölkerung die Folgen der kapitalistischen
Krise nicht zu tragen habe, werden die ausfallenden
Konzerte von Schalmeienkapellen der Freien
Deutschen Jugend bestritten.

Zweite Maßnahme:
Der Jugend wird vorgeschlagen, eine „Aktion
Blasstafette" in Vorbereitung des 137. Jahrestages
der Erfindung der Ventiltrompete ins Leben zu rufen.

Dritte Maßnahme:

Dies ist eine Übergangsperiode. Eine Lieferung von Pferdeschwanzhaaren aus der Sowjetunion ist bereits unterwegs.

Als nun so eine Zeit verstrichen bzw. verblasen war,
entdeckte der Buchhalter einer Musikversandfirma
unbezahlte Rechnungen von Pferdeschwanzhaaren.
Bei einer Überprüfung wurde festgestellt:
erstens ein riesiges Lager von Pferdeschwanzhaaren
und zweitens, daß die Kollegin, die bislang diese Haare
zu waschen, zu bündeln und zu verschicken hatte,
seit einem halben Jahr - verstorben war.
Es wurde eine andere Kollegin damit beauftragt.
Diese hatte bislang - Trompetenmundstücke gestanzt.

Zweite Strophe:
Es ist eine gute Erfindung,
mit zusammengepreßten Lippen
einem Messingrohr Töne zu entlocken,
um unsere Werktätigen zu erbauen bzw. zu zerstreuen.
Es war einmal eine Zeit,
da wurden Trompetenmundstücke rar.
Das Ministerium zur Zerstreuung und Erbauung teilte mit,
daß auch dies die Folgen ...

Der alte Franz

Der alte Franz macht wieder seine Runde
das erstemal seit über einem Jahr
Schnell wie der Wind verbreitet sich die Kunde
Nun wird es wieder so, wie's früher war

In seiner Kneipe scheuern sie die Tische
man putzt die Theke, teert das Pissoir
In seiner Kirche stellen seine Frauen
ihm frische Lilien auf den Altar

Der alte Franz macht wieder seine Runde
er geht vom Dorf herunter auf das Feld
Und betet auf dem Weg ein Vaterunser
für seiner Kinder täglich Brot und Geld

Der Raps steht gut, die Gerste ist zu niedrig
Denk an das Bier, mein Gott, und schenk ihr Kraft
Das wird ein gutes Jahr für meine Bienen
und für die Kasse der Genossenschaft

Der rote Franz, so nennen ihn die Bauern
seit damals, als er gegen sie gestimmt
Es wächst nicht mehr Korn, wenn ihr darum betet
Der Herr gibt nur, was man sich von ihm nimmt

Wie schrieb der Paulus einst an die Korinther
Er las es vor, und die Versammlung schwieg
Sie hörten zu, andächtig wie die Kinder
Vorn an der Wand ein Bild von Wilhelm Pieck

Der alte Franz macht wieder seine Runde
Drei neue Autos und ein frisches Grab
Als er hierherkam, gab es nicht mal Hunde
weil es bei ihnen nichts zu stehlen gab

Franz kennt der Seinen Sorgen und Gerüche
In ihrer Kirche ist er meist allein
Er geht zu ihnen, setzt sich in die Küche
und schimpft auf ihren selbstgemachten Wein

Der Pfarrer Franz macht wieder seine Runde
ein guter Hirt macht seinen Schafen Mut
Er ist für uns, egal aus welchem Grunde
Sein Meßwein schmeckt auch mir, Genossen, gut

Lied vom Vaterland

Kennst du das Land mit seinen alten Eichen
das Land von Einstein, von Karl Marx und Bach
Wo jede Antwort endet mit dem Fragezeichen
wo ich ein Zimmer habe unterm Dach

Wo sich so viele, wegen früher, oft noch schämen
Wo mancher Vater eine Frage nicht versteht
Wo ihre Kinder ihnen das nicht übelnehmen
weil seine Antwort im Geschichtsbuch steht

> Hier schaff ich selber, was ich einmal werde
> Hier geb ich meinem Leben einen Sinn
> Hier hab ich meinen Teil von unsrer Erde
> Der kann so werden, wie ich selber bin

Das ist das Land mit seinen Seen und Wäldern
Das kleine Land, das man an einem Tag durchfährt
Wo man was wird, auch ohne seine Eltern
Doch auch Beziehungen sind manchmal etwas wert

Hier steht die Schule und mein Klassenzimmer
das riecht heut immer noch nach Terpentin
Von Mathe hab ich heut noch keinen Schimmer
doch vor den Lehrern kann ich meine Mütze ziehn

> Hier schaff ich selber, was ich einmal werde
> Hier geb ich meinem Leben einen Sinn
> Hier hab ich meinen Teil von unsrer Erde
> Der kann so werden, wie ich selber bin

Das ist das Land, wo die Fabriken uns gehören
wo der Prometheus schon um fünf aufsteht
Hier kann man manche Faust auf manchen Tischen hören
bevor dann wieder trotzdem was nicht geht

Wo sich auf Wohnungsämtern Hoffnungen verlieren
Wo ein Parteitag sich darüber Sorgen macht
Wo sich die Leute alles selber reparieren
weil sie das Werkzeug haben, Wissen und die Macht

Hier schaff ich selber, was ich einmal werde
Hier geb ich meinem Leben einen Sinn
Hier hab ich meinen Teil von unsrer Erde
Der kann so werden, wie ich selber bin

Das ist das Land mit dem Problem im Winter
das Züge stoppt und an die Fenster klirrt
Wo wir viel reden über später und auch Kinder
und wo ein Cello spielt, bevor es leise wird

Hier lernte meine Mutter das Regieren
als sie vor einem Trümmerhaufen stand
Ich möchte dieses Land nicht mehr verlieren
Es ist mein Mutter- und mein Vaterland

Hier schaff ich selber, was ich einmal werde
Hier geb ich meinem Leben einen Sinn
Hier hab ich meinen Teil von unsrer Erde
Der kann so werden, wie ich selber bin

Poesiealbum 123/1977

Uwe Greßmann

Lerne alternd

Da sprach der Apis
Zu seinem Volk: Wo gapis
Das denn früher?

Da kommen die Hühner
Im Gänsemarsch;
Und der Bauer geht davor
Und reicht einem eine
Roggenähre auf dem Tablett.

Aber der ulkige Vogel singt:
Das ist mir Wurst
Am Strohhalm;
Und davon hängt das ab
Bis auf die Lippen.

Vom Neuen in der Schule höre ich,
Der da so schwabbelig sülzt
Mit seinem Doppelkinn;
Korn verschluckt und kaut er
Und kratzt sich am Ärmel:
Kinder, was ist das bloß für eine Lausegesellschaft,
Die da so krabbelt und beißt?

Wie lange dauert denn die Stunde schon,
In der so viele sind?

Klasse ist das mit grauen Haaren
Auf den Bänken, die da lernt.
Und die alte Henne gackert vor Vergnügen,
Weil sie das seit sechzig Jahren
Auf dem Hühnerhof
Und länger weiß, wie man das frißt.

Da sprach der Agis
Zu seinem Volk: Wo gapis das denn früher?

Kosmos

Und wer kennt nicht die Behörden
Und die Rennereien mit dem Schein?

Und du gehst da bis zum letzten;
Von Stock- zu Stockwerk,
Daß du die Angelegenheit erledigst,
Wenn du nur immer willst; und: mutig bist.

Und du weißt nicht, Gott, wo findest du die Stelle?
Und keine will zuständig sein.
Und wie das hier aussieht:
Alles zieht sich lang hin
In Strecken, Simsen, Perspektiven, Sprechstunden ...
Die reinsten Korridore sind das.
Und Bänke, darauf zu sitzen, gibt es da.
Und wohin du kommst, auch Wände –
Zwischen denen Leere ist und Nichts –
Und Winkel, Flächen; und Räume, Türen, Räume ...
Und Sterne, Sonnen, die an geweißten Himmeln strahlen.

Und du fragst die ewige Frage:
Was mag wohl hinter diesen Himmeln sein?
Und ich seh kein Ende.
Doch das soll sich ändern, sagt man hier,
Wenn man ruft: Der nächste bitte.

Und sinkst du nun auch erdewärts,
Wie du vorher himmelwärts gestiegen bist,
Als wärest du ein Paternoster,
So stehst du, als gäbst du den Passierschein ab,
Im nächsten Augenblick auch schon;
Und: siehst dann draußen in dem Raum ein Haus,
Das kleiner wird, je mehr du dich entfernst.

Und so gehst du von Raum zu Raum,
Die Angelegenheit zu erledigen,
Und betrachtest das alles.

Zivilisation

Noch ist Unterschied da
Zwischen Bad, Kühlschrank,
Außentoilette ... den Mietern,
Und fegt den Hof und klatscht mit den anderen
In die Hände, weil da ein Auto, ein Fernsehempfänger ...
Wohnt und da noch nicht.

Und Brücke mit Stahlmöbeln
Kommt dazu, die Neue -
Und vor allem: Zentralheizung -
Und spricht die Alte an
Tisch und Stuhl und Perspektive nahender Räume
Mit geschwungener, fliehender Linie,
Heißt es da.

Und Unterschied stellt den Besen hin
Und verschwindet
Im Hausflur und schließt die Tür von draußen.

Poesiealbum 126/1978

Brigitte Struzyk

Die Kippenraucher

In den Pausen an den Ecken,
Rückgrat an der Kantenwand,
lassen sie die Schachteln stecken:
einer hat schon angebrannt.

Einer raucht die ganze Zigarette
und verbraucht den Himmel ganz allein.
Wenn der andre an der Ecke nur die Kippe hätte,
würde dann die Welt gerechter sein?

In den Stuben vor den Kisten,
Rückgrat an der Sesselwand,
lassen sie die Träume stecken:
einer ist für sie entflammt.

Einer macht für sie den ganzen Abend
und verbraucht das Heldsein ganz allein.
Wenn der andre vor der Kiste nur die Rolle hätte,
würde dann die Welt gerechter sein?

In den Betten bei den Frauen,
Rückgrat am Matratzenrand,
lassen sie die Liebe stecken:
einer hat sie in der Hand.

Einer kennt die ganze Kunst zu lieben
und verbraucht die Frauen ganz allein.
Würd der andre sich klammheimlich in die Lücke schieben,
würde dann die Welt gerechter sein?

Abschied und Willkommen

Du vertrackter, betagter,
fast versagter Mann.
Ich sehe dich an:
ein Foto mit Schrammen,
die von anderen stammen,
auch von fremder Lust.

Hätt ich früher gewußt,
wieviel Tollheit vonnöten,
um die Trägheit zu töten:
Trag den Spatz in der Hand,
laß das Dach der Taube
und enthalte dich, glaube

Nie den Märchen und Mythen,
die so schnell verblühten,
als sie unterwarfen
sich dem angestrengt scharfen
Werke schaffenden Mann,
der stets vorwärtstreibt,

Daß nichts übrigbleibt
für die Feste der Seele.
Reiß zusammen dich, quäle
aus vergangener Liebe
letzte Rührung heraus
und zeig den Kameraden

Wie so viele schon taten.
Für die Kinder Schläge,
und geht etwas kaputt,
fliegt der Mensch auf den Schutt
mit dem Kopf an die Wand,
wo sie vorher schon stand

Als der Dornbusch gebrannt,
diese warnende Schrift,

daß es alle betrifft,
schlag allein ich mich rum,
warum bleibst du stumm,
der mich sehend gemacht

In durchwachter Nacht.
Mit trockener Kehle:
Gib mir Wasser zum Leben,
du hast mir gegeben.

Frauen

Für Frau B. in W.

Frauen, die statt schlafen stricken,
mitten in der Nacht aufstehn,
winz'ge Kindersachen flicken,
müßt ihr mal bei Tag besehn,
wenn die groben Hände flattern,
die vor Jahrn geschmeidig warn,
wenn Maschinen um sie rattern,
wenn sie hetzen, Fahrrad fahrn.

Sind zum Stillstand sie gezwungen,
sitzen sie oft hilflos da.
Ruhn im Schoß die Hände, Zungen
ruhen auch, denn selten sah
man von ihrem Los erzählen
eine Frau von dieser Art,
wenn sie ihre Maschen zählen,
wird bedacht, wieviel man spart,

Kauft man eine Nummer kleiner,
die im Sommer auch noch paßt,
und, so einer, das war meiner,
jahrelang war er nur Gast.
Kennen ganz genau die Fehler

ihres Lebens, ihrer Muster,
und verlassen sie die Männer,
sagt der Dichter: viel bewußter
sind die Frauen hier und heute.

Ach, sie wären lieber Bräute.
Heute, hier und hier und heute.

Valse triste vom Zielbahnhof

Nichts ist so einsam als das:
daß die S-Bahn heranjagt
daß dieser Sog da ist
daß du stolpernd ihm folgst
daß der Schuh grün ist
daß der Mann keine Socken hat
daß du selbst im Fenster dich siehst
daß du frierst an der Heizung
daß sich Lippen bewegen
daß ein Wort dich erschreckt
daß du fremden Schlaf siehst
daß du doch noch ankommst
daß der Falsche wartet.

Poesiealbum 134/1978

Kito Lorenc

Altes Motiv

Ich hau ein Fenster ins Gemäuer
unsres neuen piekfeinen Baues.
Jemand hat einfach das Fenster vergessen.
Architekt oder Maurer? Müller oder Meier?
Darüber weiß man nichts Genaues.

Einer nimmt seinen Kopf ab, zeigt seinen Vogel,
der soll ein Loch in die Mauer hacken.
Mancher will sie gleich ganz einreißen.
Ein andrer macht Hokuspokus, Gemogel,
geht Licht in große Säcke sacken.

Ich hau ins Gemäuer ein Fenster,
normal wie alle solche Dinger.
Bitte, Herr Wind: Verjag doch die Spinnen!
Bitte, Frau Sonne: Vertreib die Gespenster
und wärm mir die steifen Finger!

Und auf den Abend lad ich all meine Freunde
ein, und wir feiern bis früh um vier
(Wem's so paßt, der steigt gleich durchs Fenster).
Und auf den Morgen lad ich all meine Feinde,
aber bitteschön, nur durch die Tür!

An einem schönbemalten Sonntag

An einem schönbemalten Sonntag
spielten die Metaphern gegen die Vergleiche
ein Gedicht von einem Spiel.

Die Vergleiche trugen erdgraue Trikots,
die Metaphern azurblaue.
Der Hahn pfiff an.

Der Ball ist gleichwie die Sonne,
staunten die Vergleiche. Da schossen
die Metaphern die Sonne vom Osttor ins Westtor.

Das ist gleichsam der Untergang,
bemerkten die Vergleiche.
Unter den Schlachtenbummlern

fiel eine halbe Synekdoche in Ohnmacht.
Erst zwei Halbzeiten ergeben eine
Mahlzeit! höhnte die Amphibolie.

Nur die Metonymie schrie: Tor ...
(In der Pause trank man Quittenbrause
wegen des tropischen Klimas.)

Nach dem Erdseitenwechsel konzentrierten
sich die Vergleiche, also: Der Ball ist –
und schossen die Ballsonne vom Osttor ins Westtor.

Jetzt sind wir quitt! jubelten sie.
Welche Verballhornung des Sonnenballs! mokierten
sich die Metaphern: Seliger Balhorn, wer

druckt das noch hierzuerd? Damit zogen alle
zum Großen Bären, auf dem Ballspielplatz der Sterne
endete ihr Match unendlich: unendlich.

Poesiealbum 143/1979

Steffen Mensching

Ich oder ein Baum, zum Sägewerk treibend

Ich, mit der Haut
Eines Barsches, der Gerettete
Und der sich noch nicht retten läßt,
Mag in meinem öligen Fluß treiben,
Verspottend Bäder und Wassergläser
Für Gebisse.
Meine Badesalze
Sind die Schäume der Industrien.
Ich sprech übers Leben
Mit den Brückenspringern
Beim Ertrinken,
Flöß an den Städten
Vorüber, mit der spröden Haut
Eines abseits gestandenen Baums,
Abschiednehmend
Von meiner Größe, lobend
Den Zweck
Meiner kommenden Stück-
Haftigkeit.

Monolog eines Schmuddligen oder Verweigerung eines Wechselns der Wäsche

Ich bin nicht sehr sauber,
Meine Hosen sind ein wenig haltlos
Und schmierig wie einige meiner Gedanken,
Nicht gewaschen mit dreimal drei
Doppelten Weißmachern.
Ich trage, glaub ich,
Einige Messer in den luftigen Halbschuhn

(Die tret ich das dritte Jahr)
Und allerhand Verwirrung
In den verdächtig engen Hosentaschen
(So eng wie mancher Beamtenkopf).
Ab und zu streife ich Leute,
die mich meiden, und meine Socken
Mustern wie Würgetücher.
Nur selten überwinden sie
Ihre kleinere Angst und versuchen mich
Aus der alten guten Jacke zu stoßen
Mit einem Bier oder Worten
Knapp an der Gürtellinie.
Wir haben, sagen die da,
Was Feines für dich,
Von der Stange einen Anzug.
Da wird die Luft wieder rein
In der gebügelten Landschaft,
Da freun sich die Plastetannen
Im gebohnerten Wald.

Behinderung

Einer hat sich
Vor den Zug
Geschmissen
Grade im Berufsverkehr,
Hat um unsern Feierabend
Uns beschissen,
Wo im Fernsehn
Grade Fußball wär.

Hätte er doch etwas
Noch gewartet,
Wär ein andrer Zug
Gekommen,
Säßen andre Leute hier,

Hätt ein andrer Zug
Ihn mitgenommen.

Warum hat er, warum hat er
Grade unsern Zug
Genommen?
Warum mußt er, warum mußt er
Grade hier
Umkommen?

Einer hat sich
Vor den Zug
Geschmissen
Sah nicht gut aus
(Das ist sonnenklar),
Viele Leute haben
Warten müssen,
Grade wo im Fernsehn
Fußball war.

Poesiealbum 146/1979

GRAFIK VON DIETRICH SCHADE
Poesiealbum 143/1979 - Kito Lorenc

GRAFIK VON HUBERTUS GIEBE
Poesiealbum 149/1980 - Eva Strittmatter

Eva Strittmatter

Porträt

Meine Großmutter (die schöne)
Hab ich wie ein Bild gekannt.
Sie hatte (wie ich) viele Söhne.
Im Heusommer war sie holzbraun gebrannt.
Sie hatte Adleraugen.
Und hatte Gier im Blut
Auf Leute und auf Leben.
Und überdrauf war sie
Gut.

Bilanz

Wir alle haben viel verloren.
Täusche dich nicht: auch ich und du.
Weltoffen wurden wir geboren.
Jetzt halten wir die Türen zu
Vor dem und jenem. Zwischen Schränken
Voll Kunststoffzeug und Staubkaffee
Lügen wir, um uns nicht zu kränken.
Und draußen fällt der erste Schnee ...
Wir fragen kalt, die wir einst kannten:
Was machst denn du, und was macht der?
Und wie wir in der Jugend brannten ...
Jetzt glühn wir anders. So nie mehr.

Ich

Noch hab ich nicht begonnen.
Noch arbeite ich ab,
Was ich mir im ersten Leben
Aufgelastet hab.
Noch gehn meine Gedanken
Nur selten aus dem Haus.
Bin wie die alten Landfraun.
(Die zogen die Schürze nie aus.)
Noch sind meine Worte simpel.
Von Sorge und Liebe schwer.
Noch fehlt ihnen das Leichte.
In Holzschuhn kommen sie her.
Ich lebe wie meine Mütter,
Die Häuslerinnen, gelebt.
(Nur kannten sie keine Bücher
Und haben gestrickt und gewebt.)
Ich war ganz anders entworfen.
Hab einst Ästhetik studiert.
(Komisch: wie leicht man im Leben,
Was man nicht braucht, verliert.)
Lebt man bei Bächen und Bäumen,
Wohnt zwischen Wurzel und Wind,
Verlangt man selbst von den Träumen,
Daß sie faßbar sind.

Vor einem Winter

Ich mach ein Lied aus Stille
Und aus Septemberlicht.
Das Schweigen einer Grille
Geht ein in mein Gedicht.

Der See und die Libelle.
Das Vogelbeerenrot.
Die Arbeit einer Quelle.
Der Herbstgeruch von Brot.

Der Bäume Tod und Träne.
Der schwarze Rabenschrei.
Der Orgelflug der Schwäne.
Was es auch immer sei,

Das über uns die Räume
Aufreißt und riesig macht
Und fällt in unsre Träume
In einer finstren Nacht.

Ich mach ein Lied aus Stille.
Ich mach ein Lied aus Licht.
So geh ich in den Winter.
Und so vergeh ich nicht.

Poesiealbum 149/1980

Uta Mauersberger

Längst laß ich mich auf jeden Heimweg ein

Eben als der geräuschlose Mittag zugab
ich sei nie geboren worden
sah ich die Freundin den Kinderwagen schieben

eben noch liefen die Treppen geradeaus
jetzt sind sie schwarze Würfel die fallen
vom Tisch streicht der Gewinner das Geld

und Städte wirbeln um uns sind Laub
der Wind aus Stimmen von Menschen die nicht da sind
fegt das Leben zusammen

in der Straßenbahn dreht ein Mädchen den Kopf
der Puppe herum damit sie den Spieler sähe
der dort schwört Geld in Leben zurückzuverwandeln

Ich bin nicht so wie sie gewollt

jetzt schneidet schon der Herbst
schärfer ihr Profil,
bittere Schönheit,
verblüht fast im Schatten
der Schlaflosigkeit, wie eine
Flüchtigkeit von der man zuwenig,
viel zuwenig geträumt hat.
Sie hätt sich gern ganz schmal gemacht,
unstörbar, und ist durch mich
doch nur noch leichter verletzbar geworden,
zerbrechlicher als ich in meinem
Nochnichtsichersein,

schwächer als ich,
und so schrecklich im Widerstand,
und klein die Mutter,
ich kann sie auf Händen tragen,
fallen ihre Lider abends
fällt ihr schweres Gesicht
zurück in ein ganz kindliches,
das zu lieben ich dem Schlaf
nicht überlassen kann
oder einer späteren Erinnerung,
und weiß doch nicht, wie soll ich trösten,
ich bin nicht so wie sie gewollt.

Drei Groschen drauf

Brav schiebe ich meine Seele durch den Kalender
heut abend ist er ein Museum zeigt das letzte Jahr
wie streng es mir den Mut erprobte

trotz Brauch sich Stelldicheins zu geben mit Villon
und Klavieren bei Madame Gréco zur Nacht
um Mundvorrat um ein wenig fremdes Abendbrot

hab die Taschen voll Geschichten werde sie nicht los
Geschichten schon ein bißchen aus der Zeit mit Narrenpack
ich bin nicht mehr ein Vogel den die Flucht befreit

nach dem letzten Kalenderblatt dem Restschluck Wein
sieht ein Lebenslauf so einfach aus wie ein Verkehrsschild
durch Lust verharmlost und ein schluderndes Gedächtnis

und die Teufel langweilen sich so entsetzlich
vor der leer gebliebenen Falle des Bedauerns
nicht gelebt zu haben wie man träumt

tragen wir ein offnes Herz durch den Kalender
jetzt wo die Tage vor uns stehn wie Honigzellen

Schönen Gruß von den Dichtern! Ihre Lieder wolln wir
halten

nur die der Liebe nicht: versprochne Beeren
füllen keine Körbe, heimlich und leise laß uns
die Nachtigallen unserer Liebe zu Hausvögeln machen

Poesiealbum 153/1980

Reinhard Weisbach

Haltung

Haltet euch nahe
Bei euren Kindern
Streichelt ihr Lachen
Tröstet ihr Weinen
Beßres als Kinder
Ist nicht zu machen

Ode von der Unbescheidenheit

Macht was, Leute!
Denn Träume verbrauchen sich
Wie andre Erregungen auch
Selbst solche Hoffnungen, die
Gangbar sind
Nutzen sich wie
Schuhwerk ab!
Und schneller noch
Als die Milchzähne
Verschleißen die besten Utopien!
Was sollen uns da die großen Entwürfe
Die Baupläne besserer Welten?
Ach, es überdauern
Sich doch einzig
Die Taten!
Also macht was, Leute!

Macht was Leute
Daß euch die Erregungen wiederkehren
Die ihr
Für die Träume von gestern verbrauchtet

Erneuert also auch die Hoffnung
Zumindest ebenso oft
Wie das Schuhwerk!

Ersetzt schließlich
Die verschlissenen Utopien
Und laßt euch nicht immer wieder
Die Eckzähne wegfeilen!
Und fertigt
Immer größere Entwürfe an
Und Baupläne
Immer besserer Welten!
Also macht was, Leute!

Kleines Lied für dich

Heut fiel mir plötzlich dein Name ein
Und da hab ich mich heftig gesehnt
Auf meine Lautheit traf milder Schein
Als hättest du an mir gelehnt

Dabei war ich doch unter den Leuten
Und stand ihnen zugewandt:
So hab ich, zwischen Zeigen und Deuten
Unmerklich deinen Namen genannt

Und als Zweig an meinem Redebaum
Als hättest du an mir gelehnt
Hing plötzlich dein Name im Raum
Und da hab ich mich heftig gesehnt

Poesiealbum 155/1980

Christa Kožik

Hochhausromanze

Schweigsamkeit aus Glas und Steinen,
tausendäugig diese Häuser.
Alle sehen ach so gleich aus.
Mancher hat sich schon verirrt.

Nein, ich bin kein Mädchen mehr.
Leb allein und hab zwei Kinder.
Tags sitz ich im Rechenzentrum.
Abends starr ich vom Balkon.

Werde eine Kerze zünden,
denn der Ritter kommt nach Schichtschluß,
stellt sein Blechpferd auf den Parkplatz.
Rasselt fröhlich mit dem Schlüssel.

Finster mach ich alle Stuben,
denn er soll mich lange suchen.
Sollen seine Sinne tanzen,
muß er mich im Dunklen finden.

Und wir stürzen in die Liebe.
Diese Nacht kennt keine Stunde,
die wir voneinander ließen.
Morgen sing ich alle Zahlen.

Liebe Nachbarin, verzeih mir!
Der da lag in meinen Armen,
ja, ich weiß, es war der Deine.
Ja. Er irrte - in der Tür.

Schweigsamkeit aus Glas und Steinen.
Tausendäugig diese Häuser.
Alle sehen ach so gleich aus.
Mancher hat sich schon verirrt.

Jahrhundertlang

wählten Männer
sich Frauen aus.
Die warteten demütig
sanft senkten sie
scheu den Kopf,
die Lider, den Blick
nach innen gekehrt.

Ich habe meinen
Nacken erhoben,
die Augen weit geöffnet.
Nicht ohne Staunen
sehe ich mich um.

Und wenn
mir einer so gefällt,
daß mir der Atem
stockt in seiner Nähe,
dann sag ich's ihm
vor allen
- oder nie.

So ein Herbst

Ich hatte gefehlt, ehegebrochen,
verstoßen lebte ich in Verbannung
mit ihm.
Vor der Tür wuchs schon Gras.
Vergessen hatte man uns bald
über anderen Geschichten.

Wir warfen die Uhr in den Ofen,
richteten uns nach den Blumen.
Einsamkeit wuchs uns ums Haus.
Taten nichts gegen das Leben
und nichts dafür.

Durchschlichen den Bücherwald,
lasen Briefe:
„Wir wollen uns durch keine Not
der Welt aus dem Wege treiben
lassen, den unsere Natur uns wies."

Unsere Füße zeigten nur noch
sehr schwachen Abdruck im Staub.
Da fand man uns.
Ich lebte noch, war eben zäher.
Werde mich bessern.

Porträt einer Frau

Sieben Lieben haben ihren
schönen heiteren Leib durchfahren.
Siebenmal gekreuzigt worden.
Auferstanden siebenmal.

Seht da geht sie nun
im Schatten fremder Küsse –
Die Verzückung wich
dem Schweigen ...

Ihre Schritte schreiben aber
keine Reue in den Sand.
Steine fliegen, keiner trifft sie.
Aufglänzt kupfern ihr Gesicht.

Sieben Lieben haben ihren
schönen heiteren Leib durchfahren.
Siebenmal gekreuzigt worden.
Auferstanden siebenmal.

Poesiealbum 158/1980

Karl Mickel

Die Friedensfeier

Zuerst werden wir uns blütenweiße Hemden kaufen
Dann lassen wir uns drei Tage lang voll laufen

Wenn wir wieder nüchtern und kalt abgeduscht sind
Machen wir unseren Frauen jeder ein Kind

Dann starrn wir rauchend den sternvollen Himmel an.
Morgens dann, Viertel nach vier, geht der ran

Auf Schneidbrenner los, die begehrten Artikel
Einen davon nimmt Mickel.

Dann verteilen wir uns über Luft, Land und Meer
Und machen uns über das Kriegsgerät her

Und alles hackt und schneidet, zerrt, reißt, schweißt
Spuckt an, pißt dran, sitzt oben drauf und scheißt

Und schmeißt mit Steinen, sprengt mit Sprengstoff weg:
Das ist des Sprengstoffs *höchsterrungner* zweck!

In Geschützrohre bohren wir kleine Löcher hinein
Dort ziehen dann Spechte und Stare ein

Wer's kann, kann auf ausgeblasnen Raketen
Wie auf Taminos Zauberflöte flöten

Mit U-Booten fangen wir Haie und andere Fische
Die Frauen decken die Generalstabstische

An Schlagbäumen werden Ochsen und Hammel gebraten
Von nackten Männern, die waren Soldaten

Und besser als die Uniformen können
Wärmt sie das Feuer, drin die Uniformen brennen.

Rot glühn die Martinöfen auf, in ihren Bäuchen
Vergehn, entstehen Welten! Wie wir keuchen

Vor Wollust, wenn wir sehen: hart wie weich
Und wenn sich's wieder härtet, wird zugleich

Das Krumme grad. Wir waren krumm und dumm!
Wir schleppen Schrott, wir schmieden, pflügen um:

Wenn wir dann die müd-müden Rücken recken
Durchstoßen die Köpfe die Zimmerdecken

Nur in den Nächten jahrein, jahraus
Wir träumen uns ins Mauseloch als Maus.

(1962)

Epitaph für Partisanen

Ich baute die Brücke und sprengte sie
Ich wurde erschossen, weil ich sie baute
Des Schiffbruchs Erfinder ist der Erfinder des
Schiffs. Dieses Leben ist eins der schönsten
Erst dann hat ein Mann seine Arbeit getan
Wenn Er für Sie erschossen werden kann.

(1964)

Frauentag

Auf Arbeit bin ich früh halb sechs
Halb vier weckt mich das Kind oder ich wecks
Frühstück im Tran, die S-Bahn voll
Im Betrieb Ärger wie toll
Abends die Huddelei mit dem Einkaufen:
Es ist zum Haare ausraufen.
Und immer der Familienkrach
Ich möchte wissen, warum ich das mach
Mein Mann tut mehr, als ich verlangen kann
Bringt Geld, studiert, und ich tu ihm Das an!
Er müßte mich eigentlich rausschmeißen:
Ich könnte mich in Hintern beißen.

(1971)

Der Tisch

Was ich mir wünsche, ist ein fester Tisch:
Einsachtzig mal einsachtzig, achtzig hoch
Aus Birnbaum. An der einen Seite stünde
Die Couch, ein bunter Teppich hinge zwischen
Wand und Rücken. An der zweiten Seite
Lehnenlos die Holzbank, auf der Tafel
Die Schreibmaschine vor ihr. Und an beiden
Andern Seiten ständen tiefe Sessel
Bei deren einem eine Lampe stünde
Der zweite Sitzplatz wäre unbeleuchtet
Außer dem Schein, der aus der Lampe über
Der Schreibmaschine, von der Decke hangend
Herüberkäme, unter Augenhöhe.
Im Licht der Sessel wär mit grünem Tuch
Der dunkele mit Leder überzogen.
Es lägen ein paar Bücher auf der Platte:
Das Criticon, der Meister, die Komödie
Das Labyrinth. Und was die Arbeit jeweils

Forderte. Der ausgestreckte Arm
Reichte an die Flaschen in der Mitte
Und Zigarren, Aschenbecher, Teller
Brot und Äpfel, Zukost nach Bedürfnis.
Auch wäre hier und da ein Ring von heißem
Geschirr, von Funkenflug ein Brandfleck
Fünf Initialen, die ein Messer sorgsam
Geschnitten hätte, davon eins mit scharfen
Rändern, wären sichtbar, wenn ein Buch
Weggeschoben würde für ein Weinglas.
Der leicht gebeugte Fuß wär gegen Balken
(Zwischen die vier Beine dieses Tischs
Dicht überm Boden eingespannt) gestoßen:
Die Balken hätten, von der Freunde Sohlen
Wellen, welche glänzeten, im Schatten.

(1973)

Poesiealbum 161/1981

Kathrin Schmidt

Ins Feld, ins Feld mit Hölderlin

wo dir das notmaul bellt
sind grenzen schnell geflochten, die alten
zöpfe des zeitgeists um unsere leiber, einend
und reißend an geschlecht und nieren
die adern die schenkel aufgefaltet für wagmut, wehmut
gleichmut der letzte dreck (wer hat schon speck
am stecken) der stiebend vors tor fällt
das schließt nicht mehr, so oder so
bleibt immer der spalt, der das augenlicht löscht
und entfacht, der nicht aus noch ein läßt
der *gang aufs land* versperrt
und begonnen, sieh: wie wir im flußbett
halber straßen knien und kochen, teer
und sündheiß zünden das bündel wege
ins offene, freund
aus unsern mündern zischt die zunft
der spätren reden, kurz
und schmerzhaft knalln die knüppel dir kreuze
aufs kreuz
du schlägst mir zwischen den füßen auf grund
da kehrt ein deutscher vorfahr
das schwarzweiß und rote, das braune und brandige
gras des erinnerns hervor, das wächst
gespaltenes haar und gekrümmt
aus unserer scheinheilen mitte.

Heilkraut

nichts ist gegangen
von den weiten nächten schmalen tagen
nicht ein stück
wo dich meine netzhaut fischt
hat sie dich schon vergeben
und mir nicht
mir streunt der mut nicht wild
aus allen poren
wie klatschmohn ackerwinde gras
du mußt ihn unter fremden namen suchen
und kalten deckmänteln
wo er schon stirbt
vorm frost
ich weiß

vergißmichbald
braucht nie ein kraut zu heißen

Reparatur

ich muß aufpassen
daß du nicht die tür bist
die mir ins kreuz schlägt
wenn ich fortgeh von dir
bist du müd
kannst mir nicht einmal winken

am vormittag kommt dann der klempner
der klempner ist eine sehr schwarze frau
mit schwesterlichem gesicht
der klempner spuckt blumen
und legt sich um deinen leib
er macht daß du stolperst und rennst
du mußt nun vergessen
wie müde du bist
(kannst mir nicht einmal winken)

der klempner
die neueste dichtung am hals
schluckt blumen
und schlägt mit den türn
wenn er fortgeht von dir
bist du müd
kannst ihm nicht einmal winken

Poesiealbum 179/1982

Hanns Cibulka

Böhmischer Rebstock

In deinem Schatten
wurde ich geboren,
der Engel,
der vor dem Vaterhaus steht,
versengte Flügel.

Das Flußbett
flach,
ausgetrocknet,
vom Totenacker her
verbellt mir ein Hund
die Heimkehr
ins Dorf.

Die Jahre
an den Regenmann
verkauft,
so viel Fremde
unter der Zunge,
und nur die Toten
liegen noch
an der alten
Stelle.

Böhmischer Rebstock,
verholzt,
die Zeit vermondet.
Im Traum
tut es manchmal noch
weh.

Schwalbenhimmel

Leicht ist's,
an den Gestaden
der Sonne zu leben,
mein zarter,
windschneller Vogel.

In der hellen,
offenen Landschaft
mit dem Olivenblatt
bist du zu Haus,
hoch
über dem blauen Bett
der Flüsse.

Was gilt dir schon
der stolze Flug
des Adlers,
das Wetterleuchten
in den Augen
der Eule?

Beim Ulmenlicht
der Nacht
kehrst du zurück
ins Dorf,
die Häusliche
hat man dich genannt.

Meine rauchblaue
Königin,
mir dir will ich wohnen
an einem Fluß,
der niemals
dunkelt.

Erwartung

Was erwartest du,
ein Land,
wo der Wind nicht mehr aufkommt,
der Staub nicht mehr wölkt,
jede Tür eine Lichtschranke hat,
sich von selbst vor dir auftut,
spielend?

Erwartest du,
daß ich die Träume vergesse,
die am Straßenrand liegen
und schreien:
Nimm uns mit!

Die den Sturm verraten haben,
mit der Windstille leben,
unter einem goldenen Netz –,

bewahr dir ein Auge
für den trockenen Acker der Disteln,
die Grannen.

Epilog

Hier,
wo der Wein
den Frieden beschwört,
habe ich aufgerufen
das Bild, die Biene,
den Stein,
die verleugneten Dinge
bei ihrem Namen
genannt.

Drei Weinberge
liegen hinter meinem Haus,

drei Wünsche
stehen mir noch
offen.
Der erste
blüht als Frauenschuh
im Wald,
den zweiten
hält ein doppelschwänziger Löwe
in den Pranken,
den letzten
trägt eine Taube
als Rebblatt
um die Welt.

Poesiealbum 181/1982

Hansgeorg Stengel

Was mich betrifft

Nur widerwillig lasse ich mich zwingen,
mir selbst zu schmeicheln. Doch ich tu es mal:
Ich bin viel drolliger als Theo Lingen
und fast so fotogen wie Rudi Strahl.

Ich wurde (aber bitte im Vertrauen!)
geboren sonntagabends zwanzig Uhr
als schönstes Baby zwischen Zeitz und Plauen
mit einer apollinischen Statur.

Die Zeit verstrich. Doch weder Wind noch Wetter
verdarben mir Figur, Profil und Haar.
Im Gegenteil: Jetzt bin ich noch viel netter,
als ich vor einundsechzig Jahren war.

Ich würde Ihnen gern ein Foto senden,
doch fürchte ich, Sie wären so gebannt,
daß Sie es prompt als Amulett verwenden.
Auch hab ich grade jetzt kein Bild zur Hand.

Das ist mein Selbstporträt in kurzen Zügen.
Man möge mir den knappen Text verzeihn.
Ein Satz noch ist diskret hinzuzufügen:
Mein Selbstbewußtsein könnte größer sein.

Privileg

Die Frau von heute ist schon zu beneiden.
Sie hat das Recht zu hunderttausend Pflichten,
darf Babys trockenlegen, Zwiebeln schneiden,

studieren, fräsen und das Essen richten.
Und für der Liebe zärtliche Vergnügung
steht ihr die ganze Freizeit zur Verfügung.

Interview mit einem Dramatiker

„Und welches Ihrer Stücke, darf ich fragen,
ist Ihnen, Meister, ganz besonders lieb?"
„Ich will es Ihnen ausnahmsweise sagen:
Es ist das Grundstück,
das ich mir erschrieb."

Poesiealbum 186/1983

Grafik von Ruth G. Mossner

Poesiealbum 158/1980 - Christa Kozik

Grafik von Rolf Felix Müller

Poesiealbum 186/1983 - Hansgeorg Stengel

Dieter Kerschek

Denen nichts fehlt eigentlich

die abends kerzen anzünden
die schlecht einschlafen in ihrem zimmer allein
oder nicht allein
aber doch allein
die aufatmen wenn die kinder schlafen nebenan
oder noch wach sind
aber schon müde
die abends müde sind aber schlecht einschlafen
die abends kerzen anzünden & in die flamme sehn
die sich in ihren augen spiegelt
wenn man in ihre augen sieht
& nicht an die wand
oder durch sie hindurch
oder durch sie hindurch
die eine kleine flasche wodka aus der küche holn
oder eine flasche wein
oder tee aufbrühn
oder tassen auf den tisch stelln
oder keine tassen
oder eine tasse
oder apfelsaft aus der flasche trinken
oder nicht trinken
oder rauchen
oder nicht rauchen
die abends kerzen anzünden & in die flamme sehn
nicht nur wegen der stimmung
aber wegen der stimmung

Die Gerüchte

im flur riecht's nur nach kaltem kohl
im gelben zimmer riecht's nach alkohol
im braunen nach papier und rauch
nach staub nach bier nach andern dingen auch

es mischen sich vielfältige gerüche
(sie kommen nicht nur aus der küche)
in meine reden pläne träume flüche
ich bin.
also ich rieche.

Einfach freundlich sein,
obwohls schwerfällt.

& 'n bißchen verrückt, nicht so verkrampft.
& ernst sein & spaß vertragen.
& indianer sein oder zigeuner
oder beamter auf lebenszeit.
einfach dasein & sich nur bücken
um was aufzuheben von unten.
die erdschwere spürn aber leicht sein
& sich querstelln, wenns drauf ankommt.
unangenehm werden können,
aber angenehm sein.
nach wie vor denken,
ab & zu sprechen,
begreifen.

obwohls schwer fällt.
obwohl regen fällt.
obwohl mir was einfällt
:
obwohl bomben falln irgendwo.
obwohl man fallen kann
oder fallen gelassen wird.

obwohls fallen gibt.
obwohls überfälle gibt.
obwohls unfälle gibt.
obwohls vorfälle gibt.
& kniefälle. & schneefälle.

Poesiealbum 188/1983

Hans-Eckardt Wenzel

McDonald's Weltbulette

Hineinbeißen und glücklich sein ins fade Leben kommt leben
Die ganze welt mit gleichem geschmack Grenzüberschreitend
Trotz politik Auf der reeperbahn und jeder auftobahn neuer-
dings auch paris Vorsündflutliche küche Wie Asien in angriff
genommen Wie hitler in wenigen tagen Égalité jeglicher
filiale Grammzahl garantiert Gradzahl Farbzahl Geldzahl
Geschmack Stoffwechsel Stuhl Gleiche alpträume Bleibende
schäden Dieser clevere mann erfindet doch und die mensch-
heit wie wenn sie drauf gewartet beißt und verdaut Technologie
Fraternité Davon träumte Danton Kühnheit McDonald Den
Namen sollten sie United staates Bombenland konkurssicher
Rüstungsdings Brüder in brasilien Rinderhorden Leibrichter
Brasiliens weltlunge kleingehackt in der bulette ce o 2
macht uns frei Alles frißt und atmet McDONALD Abgerichtete
zungen Sicherheit Neue Zeit Zivilisat Epikur als werbespezi
Heinrich Heine in Form einer Zuckererbse dazwischengemengt
Der liebe hackepeter ist eingeschlafen Napoleon drei blaß
Denn jetzt kömmt ER. Mäcci Donald mit messer und gabel.
Deinen Eierkuchen, die Single, wend ich, ein
Äquilibrist, die Pfanne, als lachten wir
Über den Fortschritt der Pampe, schmeckt.
Und lang deine Lippen glänzen vom Öl,
Als spiegelte sich der ganze Hunger
Der Erde und meiner auf deinem Mund.
McDonald, mit anderem Namen, vielleicht
Zu dieser Sekunde, da ich dich küsse, schläft,
Läßt einen Rivalen vernichten oder
Telefoniert mit einem
Typen mit Brille.

Das Hölderlin-Lied

Dreifarbiger Vorhang zum Applaus
Über die Bühne geschoben.
Die Operettenrevolution ist aus.
Wir haben uns von den Plätzen erhoben.

Man darf wieder witzeln, in Seide verpackt
Liegen die Helden im Neonlicht.
Ich warte auf den dritten Akt.
Aber den spielt man nicht.

Verbannt ins Parkett. Mein Gesang
Paßt nicht in dieses Stück.
Mein halbes Leben ist nicht sehr lang.
An der Kasse gibts das Geld zurück.

Gerührt greifen alle zum Portemonnaie.
Polizisten räumen den Saal.
Der Freiheitsbaum ist aus Pappmaché
Und blüht uns nicht noch mal.

Lebenslied

Ich plane die Schmerzen mit ein,
Ich atme den Rauch, der mich aufkratzt und nährt,
Ich schwärze die Lungen mir ein.
Weiß: Leben ist nicht Artigsein.
Ich höre die Warnungen, die man spricht,
ABER VERZICHTEN WILL ICH DRAUF NICHT.

Ich plane das Herzweh mit ein,
Ich schmiege mich, Liebste, fest an deinen Leib.
Weiß: das wird nicht für ewig sein.
Ich höre die Zeit ticken in uns zwein.
Die Schwüre auf Treue, die glaub ich nicht,
ABER VERZICHTEN WILL ICH DRAUF NICHT.

Ich plane den Ärger mit ein,
Ich melde mich unaufgefordert zu Wort,
Mein Herz ist nicht rein, bin nicht klein.
Ich will einfach dagewesen sein,
Wird heiser die Stimm mir auch, bis sie bricht,
ABER VERZICHTEN WILL ICH DRAUF NICHT.

Ich plane den Kummer mit ein,
Ich liebe mir Kinder her auf diese Welt,
Verlieb mich in ihr Lachen und Schrein.
Ich will einfach noch mal lebendig sein.
Und nehmen sie Platz und Zeit mir, so ists.
ABER VERZICHTEN WILL ICH DRAUF NICHT.

Ich plane den Kater mit ein,
Ich trinke den Boden der Gläser ans Licht.
Weiß: Früh werd ich zerschlagen sein,
Ich tanze, ich singe, ich schenk mir ein

Poesiealbum 193/1983

Ralph Grüneberger

Beileipziger Elegie

Das ist mein Land, hier bin ich
Eingekreist.* Aus meinem Fenster:
Die Züge fahren täglich in alle
Zwei Himmelsrichtungen. Lehna seh ich
Und Leuna riech ich. Oder Borna
Oder Böhlen. Was weiß ich
Von den Tauben, die über mir
Wohnen. Meine Miete wird abgebucht
In aller Stille rieselt der Ruß
Aus meinen Poren. Blei-
Stifte schreibe ich ab. Und
Abends leg ich den Kopf
Neben die Gleise und höre, was
Produziert wird.

*Grüneberger schreibt dazu:
„Eingekreist ist eine Konsequenz auf den Eingriff der Zensur. Tatsächlich stand dort ‚Eingebuchtet'. Ich habe das damals mit dem Verweis auf die Leipziger Tieflandbucht zu retten versucht, leider vergeblich."
Spätere Nachdrucke des Gedichts verwenden „Eingebuchtet".

van Gogh

Den Pfaffen ein Dorn im Auge. Gott
Leben, nicht reden. Arbeit malen.
Zwischen Absicht und Absinth sitzen.
Den behaarten Bettelstab schwingen.
Nicht Mann sein, *nur* Maler. Die Frau
Auf dem Eichstrich verkauft, was
Sie sehn läßt. Und er, ja
Die heitren Himmel verblenden
Den, der nie aufsah. Die Dämmerlöhner

Ein Gelächter im Mund, was sonst
Solln sie erwidern: die tägliche Sonne
Ihr Heiligenschein? Die brennt auf
Dem Leinen, Schatten, ja Schatten
Die Gitter vorm Fenster sind
Rippen des Schnitters, Schatten
Am Tage, Umnacht.

Reflex

„Scharf dichtet mühsam, und Mühsam
dichtet scharf."
Kabaretthausspruch aus der Münchener Zeit

Scharf, den ich nicht kenne, und du
Wir drei in einer dieser Sitzbierkneipen.
Den Rücken zur Wand. Besser ist besser.
Die Kellnerin muß sich bücken
In die Nische. Irritiert siehst du
Ihre haltlosen Brüste: Ja, Freiheit
So etwa sieht sie aus. Gütig
Lächelt der Staatsmann übern Grand
Ouverts zu uns rüber. Der spielt mit
Offenen Karten, sagst du. Ja, so
Hab ich das noch gar nicht gesehn, sag ich.
Aber sehen mußt du, sagst' du.
Willst du dichten, nicht wahr, Scharf.
Und Scharf, den ich nicht kenne, nickt.
Da lachst du. Und ich lache mit.
Ich habe dich eingeladen. Komm
Singe, sag ich. Und du singst
Die Internationale. Ein paar Leute
Nehmen ihren Hut. Der Wirt brüllt
Ruhe! Polizeistunde! Was denn
Fragst du, Polizei, Gibt es die noch?

Poesiealbum 198/1984

Gisela Steineckert

Ich habe Angst
daß ich mich an mich gewöhne
ein Gesicht mache wenn ich unter die Leute geh
das Messer anders halte
schriller werde in der Stimme wieder
bedeutend sein will
vergesse, wie es andern geht
die den Pfennig umdrehn, keine Wohnung haben
nicht geliebt sind, um die sich niemand reißt
so ging es mir und sobald ichs vergesse
wird es mir wieder so gehn

Wir lauten Sängerinnen
mit dem Durchblick bei der abendlichen Runde
wir, das aufbrechende Geschlecht
mit dem Racheblick
und der Bereitschaft, sich daran aufs neue zu verzetteln
wenns drauf ankam, sind wir durch die Drehtür gesaust
statt wenigstens gelassen hinzufliegen

Die leeren Bäume
rührn mich an
als ob ich etwa morgen schon
grad so arm sein kann

Die braunen Felder
dauern mich
ich warte auf das neue Grün
oder meine mich

Die alten Sprüche
sind nichts wert
sie sagen auch das Gegenteil
wenn man drauf hört

Noch länger warten
kann ich nicht
da geht zuviel von mir verlorn
auch die Stille spricht

Du mußt denken, Tochter, wenn ich sterbe
nicht nur weinen, Liebe, wein mir nicht zu sehr
von mir bleibt, was ich an dich vererbe
sieh dich um - ich lebe um dich her

Als du klein warst, hast du leicht gefroren
da schon wärmten wir einander ganz und gar
du hast mich, ich habe dich geboren
und ich weiß nicht, wer ich vorher war

daß du mir mit deiner Trauer drohst
als ob ich vielleicht zuletzt verderbe
was doch sein muß, dieser eine Trost:

Daß es dich gibt, Tochter, meine Schöne
mir zwar ähnlich, doch von eigner Art
leb, daß ich mich mit dem Gehn versöhne
wenn du lebst, bleibt mir der Tod erspart

Poesiealbum 199/1984

Fritz Rudolf Fries

Der lange Sommer der Anarchie

Nachts legen wir uns in die schaufenster von Berlin Mitte ein wachtposten leiht dir sein feuerzeug daß du den brief Durrutis an Jara lesen kannst den du gefunden zu haben behauptest in einer kommode aus dem stilmöbelladen in der Frankfurter wo ich genau weiß daß ich ihn für dich gestohlen habe aus der tasche eines kellners in einem café auf den ramblas von Barcelona kenne ich nicht sagst du und so ist die liebe wieder einmal die große übereinkunft aus lauter nichtwissen und später brechen wir die tür von innen auf nicht ohne zuvor das laken das eine tischdecke war ins vorgesehene fach getan zu haben stoßen durchs pflaster fallen ausgerechnet in den ubahnschacht und du mit deiner roten fahne bringst den ersten gelben wagen zum stehen haben wir das nicht schon einmal erlebt gesungen gehört in einem lied von Dylan sagst du frag nicht sag ich steig ein im licht der schächte die aus dem tag in die nacht fallen sieht man daß du dich seit den zwanziger jahren in form gehalten hast auch ohne kokain eine stadt schön wie ein nacktes mannequin im schaufenster für die dame die dame ist eine geliebte die geliebte ist keine dame die dame ist namenlos rote haare haben viele diese frißt uns mit ihren blicken der sommer läuft über in einer waschschüssel am fenster.

1983

Charlie Parkers Stationen

In Camarillo waren alle Wolken blau
die Engel bliesen falsch
nachts in Garagen war der Wind zu laut

Schallplattenstudios billige Hotels
schmutzige Garderoben Nachtbars wieder Nachtbars
Kansas City Tellerwäscher Toronto Massey Hall!
5 Cents für Suppe und ein Brief nach Haus
die Kleine starb mit dem Gesicht zur Wand
alterierende Akkorde ganz neuer Stil
indem ich die höheren Intervalle der Harmonie
als melodische Linie bewahrte
(denen fielen die Noten hinters Klavier)
mit 35 starb er an Herzschwäche sah aus wie 53:
sagten die Ärzte
erst nach zwei Tagen brachte ihn
Nicca Rothschild de Koenigswarter in ein
Leichenschauhaus
welch sanfter Mensch ganz Buddha!
12 Stunden Wohltätigkeitskonzert danach
(es hatte sich ja rumgesprochen
die sprunghaft neue Qualität).

Liebe in Lichtenberg

Vor dem Fenster Schienen und Züge.
Alles in Bewegung: wir schließen uns ein.
Drei Stühle, ein Sofa, ein Bild.
Liebe wie Miles Davis spielt: vergänglich.
Und wieder Schienen und Züge.
Du gehst. Ich bleibe. Eine Nacht. Ein Tag.
Du kommst. Eine Stunde. Miles Davis, Schienen
und Züge. In deinem Haar bringst du mir
einen Garten. Doch wenn du wiederkommst:
Regen, Schienen und Züge.

1962

Nichts in Worte fassen,
alles Transzendenz,
der Wald, Wind im Schilf,
schwarze Vögel zwischen den Tagen.
Um Mitternacht gefriert der See,
die Fische haben eine gute Zeit.
Ophelia kann nicht sterben
im Winter.

1960

Poesiealbum 206/1984

Wilhelm Bartsch

Marxens Führung

Damit er ganz unser sei, ohne daß wir
Uns mit ihm streiten müssen, ziehn
wir ihn in unsere Mitte und drücken
Ihm ein Auge zu, damit er uns
Einverständnis zeige. Wir heben
Seinen rechten Arm hoch, ballen
Seine Faust, doch passen wir auf, daß
Sein Daumen nicht zwischen Zeige-
Und Mittelfinger gerät, denn dann
Klaun ihn die Linksbürgerlichen, vielmehr
Steiln wir den Daumen, das hieße:
Macht weiter so! (oder so), aber nicht,
Daß er als Börsenmakler auftritt. Wir
Setzen ihm einen Plasthelm, doch ohne
Betriebsegoistisches Emblem, auf
Sein prometheisches Haupt. Zwar
Wiegen bedenklich die Arbeitsschutz-
Beauftragten die frischgemähten
Geistigen Anlagen, doch werden wir
Ihm kein Haarnetz verpassen, noch
Zopfbart verlangen, nun
Muß Marx, um unser zu sein auf der Führung
Durch unsern Betrieb, noch unterschreiben,
Daß er belehrt worden ist.

Vom Tod des Onkels

Für Tilman Averdung

Nach dem Tod meines einsamen Onkels blieb
Nichts. Sein Haushalt auch über der Erde
Wurde aufgelöst. Da war noch ein Staketenzaun
Ums Eisenbahnerhaus am Kiefernhag
Von ihm, und wenn der fiel, blieb noch
Ein Stein mit Daten, Name, Dienstrang.

Ein andrer stellt nun die Weichen
Vor den Britzer Eisenwerken. Ein andrer
Trinkt Sprit nun mit den Weibern
Im Lampenputzerraum.

Der Tod des Onkels aber hat
Keine weiße Stirn, bekränzt
Mit dunklem Grün, und ausruhn
Eine kleine Ewigkeit ist vorbehalten
Denen, die im Tod noch zeugen. Aber mein
Einsamer Onkel lag in der langen Reihe
Derer, denen keine Kanne einen Tropfen spendet
Des Erinnerns, bis daß eines Tags ein Beamter
Ein Blechsignal in den Leib seines Grabes
Trieb: „Die Ruhezeit ist abgelaufen.
Melden Sie sich bei der Friedhofsverwaltung."

So kam mein Onkel mit den sanften Augen
Hinterm grellen Aspik seiner Brille
Zu mir und klopfte an die Tür
Zum Dienstraum dieses Gedichts.

Manchmal seitdem in den Eisenbahnen
Morgens oder abends – rattatatamm! –
Seh ich sein gütiges Brillenglas
Auf dem Sichtkreis mit mir rollen
Und sein ruhiger Strahlenarm
Wiegt mich über die Weichen.

Beurteilung des Prometheus

Der Kollege P. war Aktivist der ersten Stunde, aber / Damals schon zeigte er anarchosyndikalistische Tendenzen, / Wenn er / Erstens: Unter Vospiegelung falscher Tatsachen / Mittel erwirkte, kollektivegoistischen Interessen zu frönen, die / Seiner bekannten Eitelkeit dienten, / Zweitens: deshalb ihm Zulauf wurde, so daß / Alle Autorität der Leitung ständig in Frage gestellt war. / Selbst nach zahllosen Aussprachen mit höchsten Stelle, die / Mit Geduld und Nachsicht oftmals ihm die Hand / Boten. beharrte er in Abweichlertun und ließ es an nötiger / Achtung vor jedermann fehlen. Auch Offenheit / Mangelt ihm, seine Absichten liegen gewissermaßen im / Meßtechnischen Dunkel. Mehrmals äußerte er / Öffentlich: Er nehme sich alles heraus, was er kann! Dies / Hieße sein Schicksal. Zwar muß man ihm zugute halten, / Daß er in vorderster Linie im Kampf stand / Gegen die Barbarei, doch das betrachtet er als Freibrief, / Gegen die Anweisungen der Leitung zu handeln. Deshalb / Kam es zu ernsthaften Störungen des Betriebsablaufs, welche / Fast Sabotagecharakter trugen, worauf man / Ihn mit mehreren Jahren Arbeitsplatzbindung im Außenstützpunkt / Des Betriebes beauflagen mußte, die er auch einhielt, aber / Täglichen Aussprachen zum Trotz mit dem Kollegen Adler / Von der Obersten Leitung verblieb er in seinem / Störrischen Eigensinn. Schließlich, auf Antrag einiger / Seiner Kollegen und durch besonderen Einsatz des Arbeiters / Herkul, setzte man erneut das Vertrauen in ihn und gliederte / P. wiederum ein in das Kollektiv in der Hoffnung, er würde sich / Dort bewähren, aber sein Individualismus blieb / Ungebrochen bestehen. Eigenmächtiges Handeln und / Anmaßende bösartige Kritik / Zwingen uns, P. nunmehr vor der ganzen Belegschaft Stellung zu seinem Verhalten nehmen zu lassen.

Poesiealbum 208/1985

Jens Gerlach

So oder so

manche sah ich verwehn
wie kinderträume
alte einsame bäume
sterben allmählich im stehn

gleich allem und allen
sind sie bedroht
doch weit hinterm tod
erst werden sie fallen

was wird mir geschehn
werde ich wie ein baum
sterben und stehn?

oder sink ich hin
wie ein kindertraum
der ich immer gewesen bin?

Selbstverständlichkeiten

und selbstverständlich
wird es wieder lenzen
und selbstverständilch
werde ichs nicht sehn
denn selbstverständlich
kann in totentänzen
des winterwinds kein sonnenkind bestehn

und selbstverständlich
wird man mich begraben

und selbstverständlich
sind die reden schön
denn selbstverständlich
will man spaß dran haben
sonst würde keiner auf den friedhof gehn

und selbstverständlich
wird man sich beeilen
und selbstverständlich
ist das wenn es schneit
und selbstverständlich
richten diese zeilen
sich gegen jede selbstverständlichkeit

Pflanze im Hofeck

für regine e.

ein dutzendwas ich weiß den namen nicht
nur daß es biegsam ist und zäh
und unersättlich giert nach wärme und nach licht

den keim trug irgendwann der blinde wind
ins dunkel auf den letzten schnee
wo alles endet und allein das nichts beginnt

die ranke aber wand sich durchs gestein
durch bretterwand und maschendraht
kein umweg war zu lang für wärme nahrung schein

so wär ich gern der oft im finstern liegt:
ganz glaubenslos ganz gier und tat
und trotz und wegen meiner schwäche unbesiegt

Poesiealbum 214/1985

Grafik von Klaus Ensikat
Poesiealbum 214/1985 - Jens Gerlach

Wolfgang Protze

Bitte eines Absolventen einer Pädagogischen Hochschule bezüglich des zukünftigen Einsatzortes

Dort, wo die Hunde zu bellen beginnen,
wenn sich ein Fremder zeigt am Horizont,
wo man noch barfuß gehn kann auf der Straße,
wo man sich noch ungeniert nackig sonnt,
        da will ich hin,
        hochverehrte
        stellvertretende
        Frau Kreisschulrätin!

Da, wo der Linienbus nur selten durchfährt
und selten Kino kommt aus der Kreisstadt,
wo abwechselnd Kneipe und Kirche geöffnet sind,
Sprechzeiten stehn am Gemeinderat.

Dort, wo Tomate noch nach Tomate
und Gurke wie Gurke noch schmecken kann,
wo man nicht mehr Westfernsehen sehen
und auch nicht mehr kriegen kann unser Programm.

Wo's keinen KGD-Veranstaltungsterror gibt,
nutzt man die Freizeit nach seinem Begehr,
jedermann kann etwas tun, wenn er Lust hat,
nur Pflicht ist die freiwill'ge Feuerwehr.

Wo keine quietschende Stadtstraßenbahn
vorbei an einem Dachfenster geht,
wenn etwas quietscht, quietscht es in den Federn
der Dachkammer, wo meine Leiter dransteht.

Wo sich die Leut bei den Vornamen nennen,
wo die Haustür nicht abgeschlossen ist,

wo die Leut nicht aneinander vorbeirennen
wo man die Lehrer noch ehrfürchtig grüßt,
da will ich hin,
hochverehrte
stellvertretende
Frau Kreisschulrätin!

Der alte Schulhof

Im Schulhofgarten hatte ich mein erstes Rendezvous,
im Tomatenfeld auf einer Bank,
wir schämten und wir küßten uns, Tomaten sahn uns zu,
die war'n viel grüner noch, na Gott sei Dank!

Hier saßen und hier aßen wir gemeinsam unser Brot,
manchmal gab sie mir von ihrem ab,
und immer wünscht' ich mir, ich fiele um und wäre tot,
wenn sie's einem andern gab.

Und irgendwo liegt sicher noch mein Butterbrotpapier,
damals warf ich manches achtlos fort,
der alte Schulhof weckt stets neu all die Erinnerung in mir,
an Tintenkleckse und mein erstes Wort.

Der alte Schulhof ist der schönste Platz,
den's für mich gibt,
hier war ich zum erstenmal verliebt.

Studentenbude

Über meiner grünen Fensterlade
ächzt ein altes moosbewachsnes Dach,
drunter hab ich eine Kemenate,
ohne Hektik, Straßenlärm und Krach.

Studentenbude,
schmales Zimmer,
halbe Treppe,
hinten raus,
nichts zum Wohnen,
mehr zum Hausen,
aber immer
ein Zuhaus.

Mit Trommelwirbel, Pauken und Trompeten
wohnten hier einst Preußens Krieger ein,
brave Bürger mußten sie fein betten,
so sparte man dereinst Kasernen ein.

Türen, Fensterrahmen und Tapeten
paßten sich den schiefen Wänden an,
Preußens „lange Kerls“ samt den Musketen
krümmten sich, wo ich mich strecken kann.

Wie Schiffsplanken knarren meine Dielen,
ich hoffe, daß ich auf dem alten Kahn,
in dem grauen Häusermeer, dem stillen,
meinen Ankerplatz behalten kann.

Poesiealbum 220/1986

Grafik von Peter Porsch
Poesiealbum 220/1986 - Wolfgang Protze

Kerstin Hensel

Kleine Rechtfertigung

Der kleinste Grund läßt zum Empfang bereiten.
Ein vielgereifter Wein ist uns bestimmt:
nichts ist getan genug, um ohne Grund zu bleiben,
nichts ist so ausgehofft, daß mans nicht doch vernimmt.

Drei Türen wart ich ab, daß wer und du betreten
auf nacktem Teppich mein chinesisch Haus:
die offnen Wände wissen viel von dünnen Nöten.
Und wen und dich erhoffend, frier ich innen aus.

Ach dich und mich hab ich durch jenes Haus vernommen,
es flüsterte, ich hab mich umgeschrien.
Da ist mal wer und mal bist du gekommen,

ich hielt die Bettstatt statthaft zwischen Knien ...

O schwarzer Wein, du Rhythmus meiner Stunden:
ich hab dich im Faß und Grund genug gefunden.

Übers Gedichteschreiben

Und du hast auf den Tisch
für dich
das Wurstbrot gelegt und die Mappe
in der du dich
irgendwie zu finden glaubst
und du wünscht dir ein Telefon
um zu wissen
ob der oder der noch
lebt.

Auf der Straße gegenüber macht dir
ein Rohrbruch
zu schaffen und du machst
das Licht aus
weil so so was wie
Heimischkeit
in dein Zimmer kommt und du
darfst dich
nach einer Familie sehnen

Dein Kind im Nebenzimmer saugt
an den Fingern
worüber du jetzt
schreiben willst ist noch nicht
ganz klar
gern möchtest du
ein Gedicht über den schreiben den
du gestern geliebt hast
hier auf der Couch und den du
immer noch liebst
aber
das wär nicht die Frage
sagt dir einer
und der versteht was von
Gedichten und onaniert ab und zu
wie er auch sagt
in einer vertraulichen Stunde

Und da sitzt du und der Wecker
tickt
und die Bombe tickt
und dein Puls tickt
bald nicht mehr wenn du
DAS Gedicht schreibst und nichts
gegen
PERSHING oder CRUISE MISSILES
und du legst dem
der heute wieder auf deiner Couch
sitzt 'nen Mantel um

und sagst
na denn man los

und du legst los und der
Rohrbruch macht dir noch immer
zu schaffen
weil langsam Wasser hochsteigt
und du schreist
Scheiße
weil dein Papier aufweicht und da
beginnt auch das Kind
zu schreien und der auf der Couch
möchte
den Mantel nicht mehr

Am besten ist
sagst du dir: ich ziehe nach
Grönland notfalls
leg ich mein ganzes Geld in ein
Eisbärfell an du hörtest
daß es kalt sei da
legst du Kohlen nach im
Dauerbrandofen und

dir gehts wieder besser
wahrscheinlich
ist auch der Rohrklempner
gekommen
man soll eben nie schon vorher ...
vorher aber
sagt dir einer daß nun auch wir
die Raketen stelln
müssen von wollen kann überhaupt
keine
Rede sein

Und dir wirds immer
bitterer zumute und du
füllst Rum nach in den Tee

und willst plötzlich
daß der Mann dich auf die Couch
zieht und dir einfach nur
untern Rock greift

Dann gest du
noch mal zum Kind
und du versuchst
ihm ein Lied zu singen was dir
nicht
über die Lippen will

Und du willst immer wieder
dein Gedicht
schreiben gegen Bedrohung
und kannst dir nicht mal
einen Knüppelschlag
zwischen
den Schultern vorstellen

Auf der Straße ist alles
wieder wies gestern war
und du weißt
daß sich da nichts ändern wird
außer
mal ein Rohrbruch und
du weißt wie du dir was
vorlügst
wenn du nicht
bald was sagst.

Für Inge Müller

Der Mörtel im Hals bringt uns um
warum
schaffen nicht mal wir zwei
uns zu lieben

Viel ist geblieben:
Schutt Steine und Gras
das wächst über das
am Morgen dann
der dagegen geht:
ein Mann
Blut im Gesicht
für mich ists
zu spät.

SONETT

Du sagst nicht viel: es werden andre sagen.
Das Meer ist rund, denn immer sieht man Land.
Von Frohsinn abgehetzt nach lauten Tagen,
wir fallen müde auf den flachen Strand.

Wozu, mein Freund, soll ich mich leichter machen.
Das Meer ist alt, wir müssen leise sein.
Wir träumen immer noch die unverbotnen Sachen
und decken uns mit den erloschnen Aschen ein.

Die Sehnsucht ist. Es wächst uns eine neue.
Zu keiner Zeit wird man zu spät geboren.
Ich bin bei dir und kenne keine Reue

und habe doch von meiner Liebe schon verloren.
Es ist nicht Angst, was mich zu andrem treibt -
es ist das andre, was zu fürchten bleibt.

Poesiealbum 222/1986

Marion Naujack

Rest des Lebens

Allmählich hat der scharfe Nordost
Die See lebendig begraben.
Das Eis steht
Und zugemauert der Himmel.
Die Krähen fliegen Streife.
Der Winter ist! Wohin jetzt
Tunken die Schwäne
Das stocknüchterne Haupt?
Nicht einmal noch
Schlagen die Wetter um.

Fischerinsel

Du warst in der Stadt. Deinen König töten.
Drum träumt ich mir einen Teppich zu mir;
Purpurn und tränenverschnörkelt.
Mal wieder so bleich bis ins Herzmark tief.
Die fehlende Farbe prosteten wir schluckweis
In uns hinein. Und all die Übel, die ganz privaten
(erst recht die kolossalen), schwammen wie Korken
Im roten Wein. Waren nicht unterzukriegen.
Ach ja, die Lage! Die dreimal verfluchte,
Siebmal verhunzte Lage. Wir wuchsen uns aus
(gemach gemach) zu friedenslüsternen Generalen.
Legten uns platt aufs schrundige Land, sortierten
Steinchen, verschoben Figürchen. Die Liebenden
Stark beieinand. Jedem wuchs wieder sein Baum.
Auch Dichterhaine und Prachtalleen (baumlose
Streifen gabs ja genug).

Ich bin in der Stadt. Meine Schwester suchen.
Fragezeichen hauch ich ihr hin.
Schon sieben Jahr.

Weiberwahn

Für Brigitte B.

Wir sitzen beisammen trinken den Roten
Paffen und fluchen die Stube blau
Auf die quadratische Manneszucht!
(Ja, als Kinder gingen wir auch gern Karree)
Legen die frischen Wunden bloß
All die Kränkungen die uns waren
Von eurer zärtlichen Brutalität
Verlästern eure pompösen Träume vom
Neubeginn ohne Sündenfall eure teuren Spiele
Männerspiele mit blinden Würfeln gespielt
Ein Zucken genügt überm kolorierten Auge
Schon krachts in den Fundamenten eurer
Logikgebirge
Ja, so alltagsweit im blaurosa Schiff
Metzeln wir uns sauber saufen uns schräg
An eurem Blut erblühn im Rausch schön wie Salome
Ach, meine Herrn nichts von Bedeutung
Nach unsrer Landung tragen wir euch
Wieder auf Händen denn jeder Stolperstein
Könnte euch weinen machen
Und das, das ist ja wohl noch immer
Unsere Stärke

Poesiealbum 237/1987

Henry-Martin Klemt

Januar
für R. Luxemburg

Januar. Niemand zielt
auf meinen Schädel. Von innen
schlägts an die Decke, kleine
Detonationen meiner uneingelösten
Versprechen. Die alte Welt,
eine Eisscholle, driftet
in wärmere Meere
mit uns.

Januar. *Die Knospen fangen*
jetzt an zu treiben. Der Sommer
spült Erschlagene, Erschossene an Land.
Wir werden noch leben. Aber die eigne
Schuld wird mich ungerecht machen.
Sei ruhig und heiter
trotz alledem.

Fremde Frauen

Wo immer ich bei euch steh,
Wo meinem Blick Hände und Füße wachsen,
Zieh ich euch aus.

Ich löse den Ring, der das Fleisch quetscht.
Handtaschen, Plastikbeutel, Kollegmappen
Fallen herab, und Schminktäschchen, Portemonnaies,
Terminkalender, Eintrittskarten, Essenbons,
Antikonzeptiva, Geschichten der Philosophie:
Eine ganze Müllkippe täglicher Pflichten

Und Gefälligkeiten, an denen wir vorüber müssen,
Um aufeinander zuzugehen, nackt, stehenzubleiben
Und dann ..., und dann macht mich traurig,
Daß ihr nichts ändern wollt an mir,
Mich hinnehmt, angezogen, wie ich bin.

Wachen wir miteinander,
Ohne zu sehen, was einer aufhebt
Oder verstreut?

Kann ich nicht lesen,
Was eine Reihe Schneidezähne
In eine Unterlippe druckt?
Wenn ihr die Augen schließt,
Seh ich durch eure Lider und folg eurem Blick,
Von dem ihr nichts wißt. Und seh auch
Diesen Schatten einer Falte auf eurer Stirn,
Den ich fortstreicheln möchte
Mit einem winzigen
Nichts.

Als trügst du schon

1

In der Verwandlung der Flüsse liegst du
Ganz still, dein blaues Tuch Himmel
Hat sich gelöst und schwebt,
Wälder und Wellen streifend,
Zum Horizont.

2

Ich hab meine Träme verraten. Krank
Und verwundet warn wir, vernarrt
Ins Blut, das Steine färbte, Schnee
Und das blaue Tuch Himmel,
Wenn der Abend kam.

Da gingen Freunde mit uns. Da ist einer
Gestürzt und schrie, daß wir aufhörn,
Endlich aufhören sollen mit dem sturen
Gang am Strick der Geschichte, den Träumen
Entgegenfliegen und schrein.

3

Was säumt die Ufer jetzt, wir laufen
Durch Niederungen, und dein Haar
Liegt ausgebreitet im Gras, wenn du
Redest vom Ried, als könnten wir
Bleiben.

Was macht, daß du taumelst, der Hunger
Meiner harten Hände erreicht dich
Nicht mehr. Über den Städten
Ist Rauch und eine wunde Sonne,
Wenn ich fortgeh am Morgen.

4

In der Verwandlung der Schritte
Werden wir still, dein blaues Tuch
Hat sich gelöst, und dein Haar
Ist weiß, als trügst du schon
Alle Farben der Zeit.

Poesiealbum 242/1987

GRAFIK VON GÜNTER RICHTER
Poesiealbum 206/1984 - Fritz Rudolf Fries

GRAFIK VON WOLF-HENRY GENTSCH
Poesiealbum 242/1987 - Henry-Martin Klemt

Peter Gosse

Das Verhältnis

„So schön du bist - du bist mirs nicht auf Dauer",
sag ich zu ihr, die neben mir liegt nackt
und sich statt nackt nun platt entblößt fühlt. „Fakt",
sag ich, „ist Fakt: Je länger desto lauer."

Nicht daß mich, was ich red, nicht irritierte.
Ich will ihr Gutes, doch was ist das: gut?
Sie griff schon unters Sofa nach dem Hut.
Nun quält uns zart das Frösteln der Begierde.

Das Coole ists, das ihrer Glieder Beben
anfeuert, dann ersäuft im Glück. (Verfiel'
ich ihr kurzatmig-innig, wie sie will -
der Wollust tiernes Ganz verfiel, das Leben.)

Sie will beherrscht sein, ich will herrschen. - Wüst.
Lust ist, weil Zwistes Tränensalz uns süßt.

Dämmerstunde mit G. H.

Wir saßen in einem Garten,
und Behagen durchging uns,
für das wir keinen Namen suchten,
ein Behagen vielleicht davon,
daß wir in einem Garten saßen
auf fernem bequemem Möbel
und feinverteilt im Dämmer
der schwermütige Qualm entlegener Unkrautfeuer
die Dinge weghüllte.

Wir saßen im Garten, und die Äpfel fielen.
Kein Wind war, sie fielen, fast regelmäßig,
dumpfe Stöße, die Schienenstöße
(so denke ich jetzt) der Zeit, wir stockten
(so denke ich jetzt) bei jedem Stoß.
Sprachen dann (horchend, so denke ich) weiter,

keine unverzichtbaren Botschaften,
doch die Worte umgaben. Umgaben,
da die Äpfel tropften
aus den Ästen, die Astwerke troffen
von Früchten, drallen Bömbchen: ein sachtes
Getrommel, beinahe Gesumm,
da wir saßen in schwermütigem Qualm,
feinverteilt, in Dämmer,
in einem Garten.

Provinzbericht 1979

M. ist mal ganz Harmonie, mal hormonisch.
Mal gesengte Sau, mal gesenkten Haupts.
Zu zu vielen Gesichtern geteigt oder atomized,
als daß Gesichte blieben. Altpraum wär Gnade.

S. Schiebt seine Schicht, und kinderreich,
und gerne im Fernsehn die wackelnden Ärsche der Pferde
        wackeln
und drüber die Kaffeebohnen der Jockeyärsche
sieht er über schackerschackerreiternden Knien.

W. hat die Witzchen,
die alles Muskeljucken durchs Zwerchfell ablassen,
und gewaltige Gespräche unter vorgehaltener Hand
und das Essen satt.

H., ah, ist Erde heraus aus dem irischen Elend,
und Äolsharfe bläst er naturburschikos, wo's doch pfeift

auf technologischen Lücken, und Roheit abhanden
und er ausm Schneider.

K. versuchts nun mit älteren Frauen,
von Sehnsucht nach Sehnsucht getrieben
im zähflüssigen Verkehr, geschäftigen Vakuum,
im Sich-Schlagen in die Flucht in die Festwerte.

„Woher Geschichte", knirscht M., „wie putschen imPunsch!
Zustände!" knirscht er, „wenige kriegen sie
in Brot und Spüle, taubgespeist im Wettwüsten
die Proleten: mit verschleyertem Blicke, trostlos gesund!"

J. sagt, ein bißchen zu hektisch um zuhörn zu machen,
ein bißchen zu schrill, ein bißchen zu äquatorial:
„Unser Mißmut", sagt er, „ist provinziell!"
und hat ja sicherlich, sicherlich hat er recht.

Poesiealbum 252/1988

Uta Ackermann

Mundgarten

mein Mund ist geschlossen
verwuchert von Dickicht
Worte ihr Dornen auf den Lippen
nur langsam verglimmt ihr
im stillen Lohen meines Gartens
noch blättert einst Gesprochenes
vom Trompetenbaum doch
linde gewiegt hindämmern die täglichen Worte
süß übertönen stumme Vögel ihre Namen
Pfade versickern, die Brücken weigern sich
o Weite meines verschlossenen Mundes
Stimme flieh
Garten des Schweigens
du mein endlos geschlossener Mund

Zu dunklen Stränden

jedesmal wenn er wiederkehrt wundert es ihn
daß er nicht wie Laub zerstob
im Haus ist es schönwarm
man ißt und trinkt so schönbeisammen
milderer Wind um die Fenster

jedesmal wenn er wiederkehrt verläßt er sich
dunkeldurchirrte Straßen seine Heimat wo
sein Verlangen Fenster entzündet
klaubt er sein Augenbrot zusammen

jedesmal wenn er wiederkehrt wird er ein Stein
des Hauses der schönstillen Abende
das Meer aber das Meer endet nicht

Immer

immer höre ich dich sagen:
du kannst bleiben,
immer vernehme ich Wärme
immer bist du nicht da

jedem Flötenspieler
gehe ich nach, weiß nicht
wohin mich wenden

ich stehe am Rande
ich stehe
ich singe aus allen Poren

du hast mir nicht gesagt
daß du nicht kommen wirst
du hast mir nicht gesagt
daß es dich nicht gibt
ich werde dich immer erwarten

Poesiealbum 261/1989

Rainer Kirsch

Rat zu üben

Dem Waffenlosen
Bleibt was? die Vernunft.
Wahr, es ist leichter sich aufzuhängen
Als das Gebelfer der Waffenträger
Fünf Minuten bloß zu ertragen:
Die Vernunft
Ist eine furchtbare Last
Nur die Vernünftigsten
Gehn mit ihr
Ein paar Schritte.

März 1977

Ausflug machen

Na, wohin gehts?

In den Eichenwald, in den Eichenwald
Der graue Kuckuck ruft dort bald.

Wünsch eine gute Fahrt!

Na, wohin gehts?

In den Fichtenwald, in den Fichtenwald
Wo Goldhahns und Kreuschnabels Stimmlein schallt.

Wünsch eine gute Fahrt!

Na, wohin gehts?

In den Buchenwald, in den Buchenwald
Dort pfeift der warme Wind so kalt
Dort schmeckt die Luft so seltsam süß
Dort riechts so stark nach Paradies
Dort ist der schwarze Rauch zu sehn
Dort pfeift der Wind, der Rauch bleibt stehn
Dort weht der Wind schon siebzehn Jahr
Dort schreit der Rauch wohl immerdar.

Wünsch eine gute Fahrt!

1962

Würdigung

Auch die Beamten, hör ich, sind nicht froh
Wenn sie uns Balken auf die Köpfe hauen;
Ja, manche stört es ernsthaft beim Verdauen!
Und ehrlich hauen sie ja auch nicht so

Daß wir nicht spüren müßten: Mit Bedauern
(Obschon nach Kräften, denn das will die Pflicht)
Tun sie ihr Amt, doch böse sind sie nicht
Und wir verstehen es mit sachtem Schauern:

Hieben sie weniger, würden sie entsetzt
Was unser Schade wär zuguterletzt:
Dann nämlich kämen die, die gerne prügeln
Welche mit ihrem Prügeln jene zügeln.

So, kaum erstaunt, seh ich, wie es gelingt
Den Stock zu schätzen, den man auf uns schwingt.

August 1973

Schwimmen bei Pizunda

Grün ist das Meer bei Pizunda, manchmal
Blau, von Schiffen schwarz, in dieses schwimm
Weit wies dich trägt und dreh dich auf den Rücken: So
Siehst du den Kaukasus mit weißen Gipfeln
Und ruhst im Meer, und das ist Ruhe. Wiegend
Kaum, und durch Durchsichtige
Das um dich treibt, grenzt dich deutlich die Haut;
Vorne am Steinstrand rutschen die Gesichter
Ab von den Chefs, die blinzeln, um sich bezahlt
Natur, zum Bauch plätschernd im Wasser:
Sie könnens nicht. Groß ist der Kaukasus. Mit kleiner
Liege im Gleichgewicht löse die Arme
Spür dich oder Meer, wie sonst Mädchen vorm Aufgehn
(Dann kommt, die ineinanderstürzt, die Glut)
Hier aber ist die Mitte. Zwischen Meer, Fels, Schnee,
Himmel
Schwarzgrün Wälder. Dies
War der Augenblick, nun gleit, treib, leicht
In überm Meer - hier
Ist der Triumph des Körpers: Ich, ungemordet
In diesem Jahrhundert! schwimm
Nicht schnell, nicht langsam durch was um mich fließt
An ein besteintes Ufer bei Pizunda.
Ich hab noch vierzig Jahre, oder mehr.

1971

Poesiealbum 271/1990

Quellenverzeichnis

Folgenden Verlagen ist für die freundliche Genehmigung des Nachdrucks zu danken:

Aufbau Verlag Berlin GmbH:
Johannes R. Becher, „Das Wunder“, „’s war die Zeit nicht mehr“, „Jahrtausendwende“;
aus J. R. Becher, Ausgewählte Gedichte in sechs Bänden.
© Aufbau Verlag GmbH, Berlin 1952

Uwe Berger, „Über die Straße gehst du“, „Selbstporträt“, „März“
aus U. Berger, „Bilder der Verwandlung“;
© Aufbau Verlag Berlin und Weimar 1971

Louis Fürnberg, „Jetzt geh ich in die Schule“, „Der neue Odysseus“, „Schlaflose Nacht“;
aus L. Fürnberg, Gesammelte Werke in sechs Bänden, Gedichte, Band 2, 1946–1957.
© Aufbau Verlag Berlin und Weimar 1965

Kito Lorenc, „Altes Motiv“, „An einem schön bemalten Sonntag“;
aus: K. Lorenc, „Flurbereinigung“
© Aufbau Verlag Berlin und Weimar 1973

Hans Marchwitza, „Das Kind der Schächte“, „Gedanken an Heimkehr“, „Lied“;
aus: H. Marchwitza, Gedichte
© Aufbau Verlag Berlin und Weimar 1971

Inge Müller, „Wie“, „Ein Augenblick“, „Freunde“;
aus: „Wenn ich schon sterben muss“
© Aufbau Verlag Berlin GmbH

Carl Hanser Verlag:
Günter Kunert, „Beziehung zu den Wolken“, „Berliner Nachmittag“, „Nachlasslager, Kleine Alexander Straße, Berlin“, „Rätsel“;
aus: G. Kunert, Gedichte
© 19.., C. Hanser Verlag München

Deutsche Verlags-Anstalt
Johannes Bobrowski, „Kindheit“, Holunderblüten“, „Das Wort Mensch“;

aus: J. Bobrowski: Die Gedichte
© 1988 Deutsche Verlags-Anstalt GmbH Stuttgart

Hinstorff Verlag GmbH
Kuba, „Totensonntag 1920“, „Kellnerinnenliedchen“;
Henryk Keisch, „Wiedergutmacher“, „Nachtgebet“, „wer hätt's gedacht“, „Godesberger Credo“;
Erich Arendt, „Mittagsauge“, „Der Morgen“;
alle © Hinstorff Verlag GmbH

Mitteldeutscher Verlag GmbH
Georg Maurer, „Bäume“, „Mittags“, „Die Kinder wollen in die Welt“;
Volker Braun, „Meine Damen und Herren“, „Kultur in Weimar“, „Lebenswandel“, „Das Eigentliche“;
Karl Mickel, „Friedensfeier“, „Epitaph für einen Partisanen“, „Deutsche Frau 46“, „Der Tisch“;
alle © Mitteldeutscher Verlag GmbH

Reclam Verlag Leipzig
Max Zimmering, „Der Leichenwagen“, „Elegie zwischen Krieg und Frieden“, „An einen jungen Dichtergenossen“;
© Reclam Verlag Leipzig

S. Fischer Verlag
Reiner Kunze, „kinderzeichnung“, „philosophie“, „sensible wege“;
aus: „Gespräch mit der Amsel“
© S. Fischer Verlag GmbH Frankfurt am Main 1984

Verlag Insel Suhrkamp
Thomas Brasch, „Papiertiger“, „Da liegt sie zwischen den Büchern und schreit“, „Wieviele sind wir eigentlich noch“;
aus: „Der schöne 27. September“
© Suhrkamp Verlag Frankfurt am Main 1980

Bertolt Brecht, „Über die Lust des Beginnens“, „Lob des Kommunismus“, „Vom Sprengen des Gartens“;
aus: Gesammelte Werke
© Suhrkamp Verlag Frankfurt am Main 1967

Verlag Klaus Wagenbach
Stephan Hermlin, „Erinnerung“;
© Verlag Klaus Wagenbach, Berlin
Stephan Hermlin, „Die Vögel und der Test“;
© 1965 Verlag Klaus Wagenbach Berlin

Inhalt